평등한 세상을 위하여

철학을 공부하는 아이들의 생각

김주호 편저

자유정신사

평등한 세상을 위하여

철학을 공부하는 아이들의 생각

저자

강민서 (초)	15	박서준 (중)	97	이윤서 (고)	171
강민주 (초)	21	박소희 (고)	101	이정인 (초, 중)	175
강예인 (초)	25	박주현 (초)	103	이학준 (초)	179
강인한 (초)	27	박준영 (초)	105	이현서 (초)	181
강지원 (초)	31	박지영 (초)	107	이혜민 (중)	185
강혁 (고)	33	박하람 (초)	111	인혜주 (중)	187
강훈 (고)	35	백재원 (중)	118	임신호 (중)	193
곽서은 (초)	37	서재원 (초)	120	임태욱 (초)	197
권하랑 (초)	39	성진환 (초)	122	장한나 (초)	199
김동은 (초)	41	손범서 (초)	126	전성오 (초)	201
김동하 (중)	45	송다연 (초)	128	정시우 (초)	203
윤동현 (중)	46	안승준 (초)	130	정지원 (초)	212
김민서 (초, 중)	48	양윤 (중)	132	정찬민 (초)	215
김보영 (초)	52	양희성 (중)	136	정현우 (초)	216
김수현 (중)	53	엄정윤 (중)	139	정호준 (중)	219
김시현 (중)	57	엄주원 (초)	143	조서진 (초)	221
김예진 (고)	59	여동혁 (초)	145	조성현 (초)	227
김유하 (초)	63	염승헌 (초)	149	최영민 (중)	231
김인아 (대)	65	왕가현 (초, 중)	153	최원서 (초)	233
김인진 (고)	71	왕휘래 (중)	157	최지연 (초)	237
김주형 (초)	75	유승현 (초)	161	한상진 (초)	241
김하은 (고)	83	유지호 (초)	163	허다연 (초)	245
남병근 (초)	88	유채민 (중)	167	황지우 (초)	248
박규나 (초)	92	윤재욱 (중)	169		

1장   평등한 세상을 위하여   ------   13
2장   숭고한 나눔에 대하여   ------   61
3장   명예로움에 대하여   ------   109
4장   겸손과 지혜에 대하여   ------   159
5장   이해와 사랑에 대하여   ------   213

편집하면서

　　　　글은 잘 쓸 수도 있고 잘 쓰지 못할 수도 있다. 공부한 기간과 나이에 따라 그 수준이 다르지만, 글은 공부하면 반드시 조금씩 좋아진다. 중요한 것은 생각이다. 생각이 풍부해지고, 자신의 신념이 정립되어 가면, 그리고 옳음에 대한 확신과 다짐이 커지면 생각이 요동치고 글에 힘이 넘친다.

　　　　아이들 생각이 조금씩 정립되고 공동체에서 필요한 정신을 갖추어 가는 모습이 느껴진다. 글은 가능한 원문을 변형하지 않고 수록하기 위해 수정을 최소화했다. 어떤 글에서는 약간의 논리적 오류가 보이지만, 길지 않은 시간 동안 쉽지 않은 주제에 대하여 쓴 글이라 충분히 이해할 만하다.

　　　　아이들이 고민하며 쓴 글의 주제는 아래와 같다. 조금 어려운 내용이지만 아이들은 충분히 이해한다. 어느 면에서는 어른들보다 뛰어나다.

　　　　1. 과거를 창조함에 대하여 (소크라테스)
　　　　2. 소극적 자유와 적극적 자유에 대하여 (니체)
　　　　3. 자유의지에 대하여 (도스토옙스키)
　　　　4. 자유로운 일, 자유를 주는 일에 대하여 (아우렐리우스)
　　　　5~6. 개별의지에 대하여 (루소, 탈무드)

7. 선택받는 삶, 선택하는 삶에 대하여 (데카르트)
8. 올바름과 어리석음에 대하여 (플라톤)
9. 제3의 탄생에 대하여 (베이컨)
10. 꿈의 구조도에 대하여 (예링)
11. 생각의 지도에 대하여 (뉴턴)
12. 숭고한 나눔에 대하여 (칼릴 지브란)
13. 명예로운 삶에 대하여 (아우렐리우스)
14. 우리에게 중요한 것들에 대하여 (생텍쥐페리)
15. 삶의 목적에 대하여 (장자)
16. 참과 진리에 대하여 (니체)
17. 여유로움과 나태함에 대하여 (키르케고르)
18. 성찰과 회복에 대하여 (데카르트)
19. 아름다움에 대하여 (괴테)
20. 행동과 열정에 대하여 (서머싯 몸)
21. 겸손과 지혜에 대하여 (한비자)
22. 인식의 세 단계에 대하여 (니체)
23. 진실과 오해에 대하여 (체호프)
24. 인간의 조건에 대하여 (카프카)
25. 평등한 세상을 위하여 (루소, 일연)
26. 인간의 본성에 대하여 (알퐁스 도데)
27. 문제와 해결에 대하여 (헤세)
28. 허영과 충만에 대하여 (파스칼)
29. 편견과 본성에 대하여 (마크트웨인)

30. 서양과 동양 철학에 대하여 (아우렐리우스, 이이)
31. 자존과 수용에 대하여 (사르트르)
32. 노력과 만족에 대하여 (이솝)
33. 배려와 희생에 대하여 (법구)
34. 유익과 선에 대하여 (키케로)
35. 존재함에 대하여 (사르트르)
36. 절대정신에 대하여 (헤겔)
37. 목적과 자격에 대하여 (아리스토텔레스)
38. 인내와 용기에 대하여 (구약성서)
39. 배움의 이유에 대하여 (마키아벨리)
40. 성공의 길, 진리의 길에 대하여 (헤세, 오스카 와일드)
41. 이해와 사랑에 대하여 (오 헨리)
42. 이해와 득실에 대하여 (석가 등)
43. 합리적 계책에 대하여 (나관중)
44. 평등의 조건에 대하여 (노자 등)
45. 물질과 변화에 대하여 (물리화학 논문 등)
46. 자유와 평등에 대하여 (홉스)

"아이들이 우리 세상을 바꾸기를 기대한다."

지혜의정원

목차   1장 평등한 세상을 위하여

✿ 우리에게 가장 중요한 일　　　　　　　　　　15
✿ 여유로움과 선한 마음　　　　　　　　　　　18
✿ 은행가와 변호사의 오해　　　　　　　　　　21
✿ 삶의 목적과 내 꿈　　　　　　　　　　　　　23
✿ 죄수, 기게스, 여우의 어리석음　　　　　　　25
✿ 우리에게 중요한 것　　　　　　　　　　　　27
✿ 체호프 단편 속 재채기의 오해와 진실　　　　29
✿ 배려하기 위한 이해, 양보, 공평　　　　　　　31
✿ 낙타, 사자, 어린아이 그리고 용　　　　　　　33
✿ 레미제라블 장발장에 나타나는 인식의 세 단계　35
✿ 선하고 지혜로워야 하는 이유와 방법　　　　37
✿ 오해하지 않기 위한 노력　　　　　　　　　　39
✿ 우리가 잘못 알고 있는 것들　　　　　　　　41
✿ 가족, 공기, 꿈 그리고 사랑, 용서, 인내　　　　43
✿ 선택하는 삶을 위한 노력　　　　　　　　　　45
✿ 나태함을 막는 방법　　　　　　　　　　　　46
✿ 개별의지의 역할　　　　　　　　　　　　　　48
✿ 법구경 속 배려와 자비　　　　　　　　　　　50
✿ 우리가 명예로울 수 있는 방법은 무엇일까?　　52
✿ 용기와 실행　　　　　　　　　　　　　　　　53
✿ 숭고한 나눔과 나　　　　　　　　　　　　　55
✿ 세상의 틀　　　　　　　　　　　　　　　　　57
✿ 마시멜로에서 나타나는 인식의 세 단계　　　　59

목차　　　　　　2장 숭고한 나눔에 대하여

- ✿ 정직함과 겉모습　　　　　　　　　　　63
- ✿ 겸허함에 대하여　　　　　　　　　　　65
- ✿ 유익과 도덕적 선의 상충 5가지　　　　67
- ✿ 동질감에 대하여　　　　　　　　　　　71
- ✿ 진정한 아름다움　　　　　　　　　　　73
- ✿ 우리의 삶　　　　　　　　　　　　　　74
- ✿ 진리의 길을 가야 하는 이유　　　　　　75
- ✿ 평등한 세상을 위한 노력　　　　　　　77
- ✿ 여유로움, 한가로움 그리고 나태함　　　81
- ✿ 자연 속의 나　　　　　　　　　　　　　83
- ✿ 나를 찾는 방법　　　　　　　　　　　　85
- ✿ 우리 생활 속 배려와 자비　　　　　　　88
- ✿ 평등을 위해 할 일　　　　　　　　　　90
- ✿ 우리가 평등하지 않은 이유　　　　　　92
- ✿ 바라지 않는 베풂의 숭고함　　　　　　95
- ✿ 적극적 자유를 선택한 이유　　　　　　96
- ✿ 삶의 목적과 자격에 대하여　　　　　　97
- ✿ 편견의 극복　　　　　　　　　　　　　99
- ✿ 자장 스님의 교훈　　　　　　　　　　101
- ✿ 나를 알다　　　　　　　　　　　　　102
- ✿ 배움과 성장　　　　　　　　　　　　103
- ✿ 평등해지는 방법 세 가지　　　　　　　105
- ✿ 정직함에 대하여　　　　　　　　　　107

목차   3장 명예로움에 대하여

- ❀ 우리만의 신대륙, 배움　　　　　　　　　　111
- ❀ 자신의 본성을 향한 모험　　　　　　　　　114
- ❀ 진실을 위한 노력　　　　　　　　　　　　116
- ❀ 낙타, 사자 그리고 어린아이의 정신　　　　118
- ❀ 지식의 오해　　　　　　　　　　　　　　120
- ❀ 배려와 자비란 무엇일까?　　　　　　　　　122
- ❀ 평등을 위한 소소한 일　　　　　　　　　　124
- ❀ 평등을 위한 나눔의 방법　　　　　　　　　126
- ❀ 멋진 세상을 위하여　　　　　　　　　　　128
- ❀ 나눔의 종류　　　　　　　　　　　　　　130
- ❀ 삶의 목적, 제2의 꿈　　　　　　　　　　　132
- ❀ 모방, 나타남 그리고 편견　　　　　　　　134
- ❀ 명예로운 삶이란　　　　　　　　　　　　136
- ❀ 어느 일요일의 적극적 자유　　　　　　　　138
- ❀ 사람이 '개의 종족'이 되는 이유　　　　　　139
- ❀ 정직하게 살기, 신뢰를 얻으며 살기, 성실하게 살기　141
- ❀ 자신만의 세계　　　　　　　　　　　　　143
- ❀ 작은 오해에 의한 큰 결과　　　　　　　　145
- ❀ 배려하는 삶　　　　　　　　　　　　　　147
- ❀ 냉철함과 이성적 해결책　　　　　　　　　149
- ❀ 진정한 베풂　　　　　　　　　　　　　　151
- ❀ 우리 세상의 비밀　　　　　　　　　　　　153
- ❀ 세상을 향기롭게 하는 방법　　　　　　　　155
- ❀ 여유로움의 세 가지 조건　　　　　　　　　157

목차   4장 겸손과 지혜에 대하여

- ✿ 여유롭기 위한 방법   161
- ✿ 오해, 거짓 그리고 진실의 세상   163
- ✿ 우리 주변의 중요한 것들   165
- ✿ 행복의 조건   167
- ✿ 인식의 세 단계 그리고 도약   169
- ✿ 평등을 위한 자장 스님의 깨달음   171
- ✿ 나는 내가 궁금해서   173
- ✿ 따뜻한 세상   175
- ✿ 좋은 사람이 되기 위한 조건   177
- ✿ 그것이 중요한 이유   179
- ✿ 평등이 어려운 이유 네 가지   181
- ✿ 숭고한 나눔의 필요성과 중요성   183
- ✿ 소극적 자유와 적극적 자유의 필요성   184
- ✿ 진정한 부에 대하여   185
- ✿ 배려와 희생의 방해꾼   187
- ✿ 변신의 이유   190
- ✿ 나의 목표와 공동체의 목표   193
- ✿ 삶의 목적과 행복   195
- ✿ 진정한 행복   197
- ✿ 일과 개별의지   199
- ✿ 평등을 이루는 방법   201
- ✿ 몰락의 이유   203
- ✿ 좋은 사람이 되기 위한 방법, 특별한 비커   205
- ✿ 먼저 하는 배려   212

5장 이해와 사랑에 대하여

- ✿ 배려의 세 가지 특징   215
- ✿ 나의 참모습   216
- ✿ 적극적 자유의 필요성   218
- ✿ 삶의 목적과 자유   219
- ✿ 후회   221
- ✿ 좋은 사람이 되기 위한 방법   223
- ✿ 여유로움, 한가로움과 나태함의 균형   225
- ✿ 좋은 사람이 되기 위한 방법   227
- ✿ 키르케고르와 함께   229
- ✿ 좀 더 일반적인 인간   231
- ✿ 나의 본성에 대하여   233
- ✿ 진실의 좋은 점   235
- ✿ 데미안의 냉철함   237
- ✿ 우리의 숭고한 나눔   239
- ✿ 내가 공부하는 이유   241
- ✿ 편견의 극복   243
- ✿ '나비'와 '행복한 왕자'에서 보여주는 진리의 길   245
- ✿ 성공의 열쇠   248
- ✿ 평등의 이유와 조건   250
- ✿ 여유로움과 즐거움   252

지혜의정원

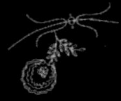

1장 평등한 세상을 위하여

우리에게 가장 중요한 일 / 여유로움과 선한 마음 / 은행가와 변호사의 오해 / 삶의 목적과 내 꿈 / 죄수, 기게스, 여우의 어리석음 /우리에게 중요한 것들 / 체호프 단편 속 재채기의 오해와 진실 / 배려하기 위한 이해, 양보, 공평 / 낙타, 사자, 어린아이 그리고 용 / 레미제라블 장발장에 나타나는 인식의 세 단계 / 선하고 지혜로워야 하는 이유와 방법 / 오해하지 않기 위한 노력 / 우리가 잘못 알고 있는 것들 / 가족, 공기, 꿈 그리고 사랑, 용서, 인내 / 선택하는 삶을 위한 노력 / 나태함을 막는 방법 / 개별의지의 역할 / 법구경 속 배려와 자비 / 우리가 명예로울 수 있는 방법은 무엇일까? / 용기와 실행 / 숭고한 나눔과 나 / 세상의 틀 / 마시멜로에서 나타나는 인식의 세 단계

Athena, Wisdom

성찰의 시간

우리에게 가장 중요한 일

우리는 지금 평등한가? 아직 평등하지는 않다. 나이, 인종, 성별, 부(富)에 따른 여러 불평등 문제가 나날이 늘어난다. 하지만 이를 바꾸도록 노력해야 한다. 불평등이 계속되면 여러 사회 문제가 발생한다. 인권 침해, 차별, 권력 남용 등 사회의 질서가 도미노처럼 차례차례 무너지게 된다. 그리고 사람들의 삶의 질이 떨어지게 되며 행보할 수 없게 된다. 그렇기에 평등을 위해 노력하고 애써야 한다. 많은 사람들은 이 사실을 알고 있다. 하지만 이를 실천하지는 못한다. 왜일까? 사람들은 남들보다 자신을 먼저 생각함, 즉 이기적으로 행동하기 때문이다. 이 점은 사람의 본능일 것이다. 하지만 이를 바꾸어 나보다 남을 먼저 생각하는 그런 마음을 가져야 할 것이다. 사람들은 이것 또한 안다. 그러나 실천하지 못한다.

이제부터 평등해지기 위한 방법과 평등해지려는 목적에 대해 생각해 보려 한다. 첫째, 평등해지기 위해 입장을 바꿔 생각하는 것이다. 사실 어딜 가든 하는 말이자 사람들이 가장 실천하기 어려워하는 방법 중 하나이다. 하지만 알고 보면 쉬울 수도 있다. 즉 나에게 같은 일이 일어났다고 생각해 보는 것이다. 예를 들어 나이 때문에 차별받은 기억이 있다면 그것을 반대 경우에 떠올려 보는 것이다. 비슷한 경험을 통해서 남의 입장을 이해할 수 있을 것이다. 그리고 나에게 불평등이 일어났다면 그것

평등한 세상을 위하여, 강민서 초5

이 자연적 불평등인지 사회적 불평등인지를 생각해 보는 것이다. 자연적 불평등은 어쩔 수 없이 일어난 것이다. 어떻게 할 수 없는 말 그대로 자연에 의한 불평등이다. 하지만 사회적 불평등은 사람이 스스로 자초한 차별과 불평등이다. 예를 들면 부(富)에 따른 권력 남용이 있다. 이 사람들은 단순히 부를 가지고 있다는 이유로 다른 사람들의 인권을 침해하는 올바르지 못한 행위를 하고 있는 것이 현재 우리 사회이다. 일명 '갑질'로 권력이 있거나 부가 있는 사람이 그것을 함부로 쓰는 것이다. 이와 같은 남용의 이유는 이 사람들이 입장을 바꿔 생각해보지 않았기 때문이다. 만일 그들이 입장 바꾸어 생각해보았다면 그러한 일은 생기지 않았을 것이다.

둘째, 우리가 평등해지려는 목적은 우리 모두가 행복해지기 위해서 임을 생각하는 것이다. 평등해지면, 모두가 행복해질 수 있다. 루소는 이렇게 말했다.

"인간의 불평등은 자연적, 사회적 요인에 기인한다.
우리가 자연 상태 (일반 의지)로 돌아가면 불평등은 해소될 수 있다."

자연적 불평등은 어쩔 수 없이 자연에 의해서, 사회적 불평등은 사람들이 가진 조건에 의해서 차별하는 것이다. 자연적 불평등, 사회적 불평등은 모두 좋지 않은 것이다. 자연적 불평

평등한 세상을 위하여, 강민서 초5

등은 옛날엔 고칠 수 없어 어쩔 수 없는 것이었다. 하지만 지금은 의학 기술이 발달함으로써 서서히 해결되고 있다. 하지만 사회적 불평등은 고쳐지지 않는다. 사람들이 자신만을 고집하고 남을 차별하는 이유는 조금이라도 자신이 더 행복해지기 위해서이다. 그렇지만 사람들은 사실을 잘 모르는 것 같다. 사회적 불평등이 없는 세상이 가장 행복하고 즐겁게 살아갈 수 있는 세상이라는 것을 말이다. 자연적 불평등은 고쳐지고 있지만, 완전히 고쳐진 것은 아니다. 하지만 사회적 불평등이 고쳐진다면 자연적 불평등도 서서히 고쳐질 것이다. 차별 없고 모두가 동등한 세상을 만든다면 자연적 불평등을 겪더라도 행복하고 즐거울 수 있을 것이다.

모두가 행복하고 즐거운 세상을 만들기 위해서는 모든 사람이 평등해지고 차별이 없는 세상에서 모두 공존해야 한다. 이는 사람들이 깊이 인식해야 하는 것이고 또한 실천해야 하는 것이다. 앞으로 미래 시대에는 불평등 없는 세상을 만들도록 하는 것이 가장 중요한 일이 될 것이다.

평등한 세상을 위하여, 강민서 초5

배움의 시간

여유로움과 선한 마음

 여유로움과 나태함은 서로 반대되는 두 단어이다. 그런데 과연 여유로움과 나태함의 차이점은 무엇이고 그 의미는 무엇일까? 대부분 사람은 두 낱말의 정확한 뜻은 아닐지라도 그 의미는 알 것이다. 하지만 사람들에게 여유로움과 나태함의 뜻을 실제로 말해 보라고 하면 잘 대답하지 못할 것이다. 그 이유는 바로 두 단어에 공통의 뜻이 들어가기 때문이다. 그 공통의 뜻은 바로 '쉬는 것'이다. 나태함도 쉬는 것이고 여유로움 또한 쉬는 것이다. 하지만 이 둘의 차이는 명백하다. 그 차이는 바로 쉼의 조건이다. 우리는 '나태하다'라고 하였을 때, 어떤 것을 생각하는가? 분명 좋지 않은 뜻일 것이다. 그렇지만, '여유롭다'라고 했을 때도 나태함과 같이 좋지 않은 뜻을 예상하는가? 아니다. 그 이유는 무엇일까?

 그 이유는 바로 할 일의 수행 여부 차이이다. 할 일을 다 한다는 것이 바로 여유로움의 조건이다. 그리고 나태함은 할 일이 있음에도 불구하고 쉬는 것이다. 할 일이 있는데 미루면 나태한 것이고 할 일을 미리 다 끝내고 쉬는 것은 자유로워서 그 시간을 자신의 쉬는 시간으로 활용하는 것이다.

"바쁘다는 핑계로 정작 중요한 일을 빠뜨리면 안 된다. 그러나 바쁘지 않

여유로움과 나태함에 대하여, 강민서 초5

다고 해서 불이 난 것도 모르는 극장의 관객처럼 너무 나태해지지는 말라. 그리고 주변에 자신을 편안하게 하고 웃게 해주는 정다운 사람과 웃음이 많은 사람을 항상 옆에 많이 두라."

　　　　키르케고르는 이렇게 말했다. 내가 생각하기에 그가 주장한 것 중 여유롭기 위해 가장 중요한 것 한 가지는 바로 웃음이 많은 사람을 옆에 두는 것 같다. 옆에 웃음이 많은 사람을 두면 무엇이든 긍정적으로 생각할 수 있을 것이다. 나태하지 않도록 옆에서 응원해주고 격려하여 긍정적으로 생각할 수 있게 만들어 주는 친구 또는 사람이 있다면 나태해지려다가도 그 사람을 생각해서 또는 응원에 힘입어 더 열심히 하게 되고, 나태함을 넘어 여유로울 수 있을 것이다. 앞서 키르케고르가 말한 것을 실천하기 위해서는 이처럼 웃음을 주는 사람들과 가깝게 지내는 것이 가장 필요하지 않을까? 나는 그렇게 믿고 생각한다.

　　　　나는 앞으로 나태하지 않은 여유로운 사람이 되려고 한다. 지금 내 곁에는 나를 웃게 해 주고 응원해 주는 사람이 많기에 여기까지 올 수 있었다. 물론 나는 지금 다 크지도 않았고 천재도 아니다. 그래도 이곳에 오기 위해서는 많은 사람의 응원과 격려가 필요했다. 사실 우리 모두가 나처럼 생각하지는 않을 것으로 생각한다. 각자 자신의 입장에서 생각해 보라. 낮은 위치이든 높은 위치에 있든 그 위치에 있기까지 적어도 한 사람의 도움

여유로움과 나태함에 대하여, 강민서 초5

은 받았을 것이다.

　　　　나는 생각한다. 나는 다른 사람들의 도움으로 여기까지 왔다. 그렇기 때문에 나도 다른 사람을 격려하고 응원해주려고 한다. 내가 도움을 받았으면 똑같이 되돌려 주어야 한다. 지금껏 도움을 받은 사람에게 베풀고 나누라. 자신의 주머니가 비워지더라도, 남을 생각해서 아낌없이 베풀고 나누라. 무엇이든 다 준다는 마음으로 도와준 사람에게 되돌려 주는 것이라면, 그 사람도 또한 나를 도와줄 것이다. 이처럼 서로 주고받고 하는 방식으로 살아간다면 세상은 선한 마음의 사람들로 가득할 것이다. 그렇다면 세상을 바꿀 수 있다. 세상을 선한 사람으로 채우는 것은 바로 '우리'이다. 이렇게 선한 사람들이 서로 나누는 세상, 서로 즐거운 세상에서는 여유로움이 넘치는 세상이 될 것이다.

여유로움과 나태함에 대하여, 강민서 초5

은행가와 변호사의 오해

　　　　　나는 진실과 오해에 대해 배우며 체호프의 '내기'라는 이야기를 읽었다. 나는 그 책의 내용을 예로 삼아 내가 배운 진실과 오해에 대하여 설명하려고 한다. '내기'의 내용은 이렇다.

　　　　　옛날에 돈 많은 은행가가 집에서 파티를 열었는데 거기서 사람들끼리 사형제도에 대해 이야기하고 있었다.　대다수의 사람이 사형제도를 반대했지만 은행가는 사형제도를 지지했다. 은행가가 사형 제도에 대해 말하는 도중 젊은 변호사와 마찰이 일어났고 그들은 내기를 하게 되었다. 내기의 내용은 변호사가 15년간 독방에서 갇혀 지내면 은행가가 200만 루블을 줘야 한다는 내용이었다. 그렇게 내기가 시작되고 15년간 변호사는 갇혀 지내며 수없이 많은 책을 읽었다. 한편 은행가는 사업이 기울어 돈이 부족해졌고 변호사를 죽이려는 생각까지 한다. 그러나 약속한 기일이 끝나기 5시간 전에 변호사는 무언가 진실을 깨닫고 탈출한다.

　　　　　이 책에 나오는 오해는 두 가지인데 첫 번째, 은행가는 15년 전 자신이 가지고 있던 부가 끝까지 지속될 것이고 변호사는 15년을 못 버틸 것이라고 오해한다. 하지만 실제로는 15년 후 많은 돈을 잃었고 변호사는 15년을 버텼다. 두 번째로 변호사는 자신의 15년간의 시간이 200만 루블보다 가치 없다고 오해했지만, 진실은 15년간의 시간은 200만 루블보다 훨씬 가치가 있었다.

　　　나는 이 책에 나오는 오해와 진실을 보고, 오해 때문에 15년간 불안해했던 은행가와 15년간 감금된 변호사가 불쌍했다. 마지막으로 이 책의 교훈은 오해했을 때 계속 그것을 진실이라고 생각하지 말고, 진실을 알려고 노력하라는 것 같다.

진실과 오해에 대하여, 강민주 초5

삶의 목적과 내 꿈

주제 토론 수업을 통하여 삶의 목적으로서 여유롭고 부드러운 미소를 띤 정신적 풍요로움, 평등적 자유, 진리의 전달에 대하여 토론했다. 이와 같은 세 가지 목적 외에 다른 목적을 여러 가지 생각해 보면, 부(富), 행복, 자유, 평등, 사랑 등이 있을 것이다. 부가 있으면 마음이 불안해도 몸은 편하게 지낼 수 있고, 행복하다면 무언가를 할 때 즐거울 수 있을 것이다. 자유롭다면 자신이 할 수 있는 것을 할 수 있고, 평등은 억울한 일과 차별이 사라지게 해 줄 것이다. 사랑은 누군가를 순수하게 좋아할 수 있도록 해준다.

이 중 내가 선택한 삶의 목적은 행복과 자유 그리고 지식의 전달이다. 행복을 통해 즐거워질 수 있고, 자유를 통해 구속당하지 않을 수 있다. 그리고 우리 중요한 삶의 목적 중 하나가, 알고 있는 진리를 다른 사람들에게 전달해야 한다는 것이 있었는데, 이는 지식을 전달하는 것이다.

내 가치를 위한 꿈은 사람들에게 아름다움과 표현을 제공하는 것이고, 내가 선택한 삶의 목적은 지식 전달과 행복이다. 이 둘을 연관 지어 본다면 아름다움은 지식 전달과 어떤 관련이 있다. 왜냐하면 내가 아름다움을 사람들에게 제공하면, 그것을 본 사람은 자신이 본 아름다움을 또 다른 사람에게 전달할 것이고, 이로써 모든 사람이 아름다움을 배우고 익힐 수 있기 때문이다. 또, 표현과 행복을 연관 지어 보면 자신의 감정이나 마음을 표현하고 다른 사람이 그것을 공감해 준다면, 행복해지기 때문이다. 이렇게 내 삶의 목적과 내 가치를 위한 꿈은 서로 관련이 있다고 할 수 있다.

삶의 목적에 대하여, 강민주 초5

죄수, 기게스, 여우의 어리석음

올바름이란 남이 곤란할 때 도와주는 것, 남을 배려하는 것 즉 선함과 같은 것이다. 예를 들면 친구가 넘어졌을 때 지나치지 않고 일으켜주는 것, 눈앞에 보물이 있어도 욕심을 부리지 않는 것, 이 같은 것이 모두 올바른 것이다. 어리석음 그리고 악이란 지혜와 선을 배우지 못하여 욕심을 자제하지 못하고, 힘을 가지면 서슴없이 나쁜 짓을 하는 것이다. 악한 사람은 어리석은 짓을 하기 일쑤이며 선한 사람의 주장을 받아들이지 않는다.

플라톤 '죄수 동굴' 이야기에서는 진실을 알게 된 죄수가 사실을 이야기해주었지만 어릴 때부터 해방되지 못해 진실을 알지 못했던 죄수들은 어리석은 나머지 진실을 믿지 않았다. 또 '기게스의 반지' 이야기에서는 착하고 순박했던 양치기였지만 투명 인간이 될 수 있는 반지를 가지게 된 후로 욕심을 가지게 되어, 나쁜 짓을 통해 왕의 자리를 자신의 것으로 만들었다. 이 두 이야기에서 어리석음과 욕심에 대한 이야기를 다루고 있다. 죄수들처럼 진실을 배우지 못하여 진실을 보지 못하는 것도 안 되며, 기게스처럼 너무 욕심을 부려서도 안 된다.

이를 바탕으로 아래와 같은 이야기를 생각해보자. 옛날 옛적 여우 한 마리가 살았었다. 물론 지금도 살아 있을지는 모르겠지만, 그 여우는 가뭄 탓에 몹시 허기가 져 있는 상태였다. 그

때, 여우는 탐스럽게 보이는 복숭아가 열린 나무를 발견했다. 하지만 복숭아나무는 여우의 키보다 커서 여우의 손이 닿지 않았다. 여우는 발돋움을 해보았지만, 손이 닿지 않았다. 결국 여우는 "그깟 복숭아, 설익어서 맛없을 거야"라고 생각하며 뒤돌아섰다. 우리는 이 이야기에서 나오는 여우처럼 어리석어서는 안 된다.

그럼 어리석어지지 않고 지혜로워지기 위한 방법을 알아보자. 첫째, 올바름을 배워야 한다. 지혜를 배우면 어리석게 되지 않는다. 둘째, 욕심을 부려서는 안 된다. 즉, 자신이 가진 것에 만족할 줄 알아야 한다. 셋째, 남의 이야기에 귀를 기울여야 한다. 그러면 내가 가지지 않은 지식을 얻을 수 있을 것이다.

그렇다면 우리는 왜 선하고 올바르지 못한지 생각해보자. 먼저 우리 눈앞에는 거절할 수 없는 무언가의 유혹이 항상 나타나기 때문이다. 또한 우리가 사는 세상에는 올바른 사람도 있지만, 분명히 악하고 어리석은 사람이 존재하기 때문이다. 우리는 자칫해서 그런 사람들과 어울려서 그들의 말을 따르게 되면 올바름과 선함을 배울 기회를 놓치고, 우리도 어리석어질 수 있다.

올바름과 어리석음에 대하여, 강예인 초5

우리에게 중요한 것

우리 삶에서 참과 진리는 무엇일까? 일단 참에 대한 예는 '1+1=2', '2X6=12'와 같이 어떤 조건에서나 어떤 상황에서나 맞는 것이 참이라고 할 수 있다. 참의 진짜 뜻은 사실이나 이치에 조금도 어긋남이 없는 것이다.

진리의 예시는 '물은 위에서 밑으로 흐른다'라는 것이다. 이것은 진리이지만 참은 아니다. 왜냐면 산에서 계곡물이 내려오는 것은 맞지만, 만약 우주에서 물을 던지면 패턴 없이 물이 움직이기 때문이다. 또한, 물이 땅에 있다가 그 위에 전기적인 물건을 가져다 대면 땅에서 위로 올라오기 때문에 물이 위에서 아래로 흐른다는 말은 참이 아니라 진리이다. 그런데 진리의 뜻은 논리의 법칙에 모순되지 않고 바른 판단이면서 사유의 법칙에 맞는 것으로 '사고의 정당함'을 말한다.

우리가 살면서 중요한 진리는 '실력'이라고 생각한다. 그 이유는 아무리 자기가 돈이 많아도 자신의 능력은 부족할 수 있으므로 무엇보다 실력이 있어야 한다. 실력이 없어도 직업을 가질 수는 있지만, 사람들이 외면을 할 것이다. 실력이 점점 늘어나면 좋은 직업을 가질 수 있고 친구 관계가 좋아진다. 그러므로 나는 실력이 중요하다고 생각한다.

니체가 말한 것 중에서 나의 진짜 모습, 존재의 진리를 알려 한다면 "존재는 490개의 껍질 안에 있기 때문에" 그것을 일일이 파고 들어가려 하지 말고, 자신의 드러나는 필적, 좋아하는 것, 감정, 말투 등으로 진정한 '나'를 알 수 있다고 한다. 그러므로 굳이 490개의 껍질을 까고 자신의 진리를 발견하려는 것은 어리석은 것이라고 말했다.

      이처럼 살아가면서 중요한 진리는 '내 모습을 잘 만드는 것'과 '실력'이라고 생각한다. 그리고 '참'보다는 '진리'가 더 우리에게 필요하다고 생각한다. 왜냐하면 '참'은 너무 많은 것을 따져봐야 하기 때문에 '진리'가 더 우리 삶에 적합한 것 같다.

참과 진리에 대하여, 강인한 초6

성찰의 시간

체호프 단편 속 재채기의 오해와 진실

　우리는 진실과 오해에 대하여 정확히 파악하려 노력해야 한다. 우리 주변에는 오해하고 있는 것이 많이 있다. 예를 들면 내가 축구를 하다가 태클을 받아서 심하게 다쳤는데 내가 잘못이 있다고 이야기하고 다른 친구들이 오해를 해서 나는 너무 화가 난 적이 있었다.

　진실과 오해에 대하여 체호프 단편선에서 '관리의 죽음'과 '내기'에 나타난 오해의 예를 들면 다음과 같다. 우선, '관리의 죽음'에서 체르바코프라는 사람이 공연을 보다가 재채기를 하게 되고 앞에 있는 장군에게 침이 튀어서 체르바코프는 미안하다고 했는데 장군은 아무 말도 안 했다. 체르바코프는 계속 사과를 했지만 너무 부정적으로 생각을 해서 결국 그는 비관하여 자살을 하였다.

　우리 주변에는 진실한 것 또한 많이 있다. 예를 들면 게임에서 좋은 아이템을 주는 쿠폰이 있다고 하여, 친구가 그 쿠폰을 받아 써 보니 진짜로 좋은 결과를 얻어서, 나도 다른 친구들한테 그 쿠폰을 추천하였다.

　체호프 단편, '내기'에 나타난 진실의 예를 들면 한 은행가가 파티에서 놀고 있었는데 한 젊은 변호사가 사형이 종신형보다 안 좋다고 하고 은행가는 사형이 더 좋다고 말싸움을 하다

진실과 오해에 대하여, 강인한 초5

가, 돈 많은 은행가가 "그럼 당신이 감옥에 15년 동안 있으면 200만 루블을 주겠다"라고 말했다. 그래서 변호사는 감옥에서 책을 많이 읽었는데 결국 그는 15년이 되기 5시간 전에 탈출하였다. 왜냐하면, 그제서야 변호사는 돈보다는 자신의 삶이 더 중요하다는 진실을 알게 되었기 때문이다.

  이상으로 우리가 세상에서 살면서 꼭 알아야 할 것은 오해를 하면서 살면 안 되고 진실을 찾으려고 노력해야 한다는 것이다. 또한, 내가 다른 사람에게 오해를 일으키는 이야기를 하면 모두에게 좋은 이득이 없을 것이니 항상 주의해야 할 것이다.

진실과 오해에 대하여, 강인한 초5

배려하기 위한 이해, 양보, 공평

　　　　배려란 사람들을 위해서 무엇인가 해 주는 것, 도움을 주는 것과 비슷하다. 예를 들어 첫째, 이해를 하는 것이다. 행동이나 의견이 달라도 서로의 다른 점을 배려하고 존중해야 한다.

　　　　두 번째는 양보이다. 내가 먼저 무언가를 하고 싶어도 다른 사람에게 먼저 하라고, 나는 괜찮다고 다른 사람에게 양보해 주는 것이다.

　　　　세 번째는 공평함이다. 누군가는 케이크를 세 조각 먹고 누군가는 케이크를 한 조각 먹는 것은 옳지 않다. 어른이든 아이든 모두 같게, 올바르게 행동해야 한다. 시험을 봐도 같은 기회가 주어져야만 한다.

　　　　탈무드 '장님의 초롱' 이야기에서 장님은 눈이 안 보이는데도 다른 사람들을 위해서 호롱불을 들고 다니며 사람들이 자신과 부딪치지 않게 그리고 자신이 장님이란 걸 알 수 있게 한 것이다. 이 이야기의 장님은 사람들을 위해 그리고 자신에게도 도움이 될 수 있도록 배려를 했다.

　　　　탈무드 '나무의 열매' 이야기는 다른 사람에게 이익을 준다는 것이 주요 교훈인 것 같다. 자신이 세상을 떠날 것을 알면서도 자신의 아들을 위해 묘목을 심고 또 심은 것이다. 비록 자신은 그 나무 열매를 먹지는 못하지만 자신의 아들이 먹을 수 있게

배려에 대하여, 강지원 초4

해 준 것이다. 즉, '나무의 열매' 이야기에 나오는 노인은 아들을 위해 자신은 열매를 먹지 못해도 배려를 한 것이다.

배려에 대하여, 강지원 초4

낙타, 사자, 어린아이 그리고 용

　　인식의 단계는 낙타의 단계, 사자의 단계, 그리고 어린아이의 단계, 이렇게 총 세 단계가 존재한다.

　　낙타의 정신 단계에서 인간은 외경심을 가진 존재이고 강한 인내력을 가진 존재가 된다. 또한, 이 단계에서는 자신이 지어야 할 가장 무거운 짐을 인내한다. 이는 오만을 억제하여 굴종하고 자신을 드러내지 않고 어리석음을 드러내며 인내한다. 즉 낙타의 단계에서 인식은 세상에 대해서 인내하고 견디며 굴종하는 인식 과정을 거친다.

　　낙타의 다음 단계는 사자의 단계이다. 이 단계에서 정신은 사자가 되고 자유를 얻게 된다. 또한, 이 단계에서 정신은 자기 주도권을 잡으려 한다. 그러나 정신을 지배하기 위해서는 복종을 강요하는 용이라는 존재와 맞서야 한다. 용은 지난 세기 동안 축적되어온 기존의 가치와 규범들이라고 말할 수 있고 자유와 새로운 창조를 방해한다. 용은 우리의 정신을 낙타의 단계에서 벗어나지 못하도록 제한하며 굴복시키려 한다. 사자의 단계에서는 획득한 자유를 활용하여 용과 투쟁한다. 하지만 새로운 정신의 창조는 아직 사자의 단계에서는 이루어지지 못한다.

　　마지막 정신의 단계는 어린아이의 단계이다. 어린아이는 사물의 처음과 같은 순수를 지니고 있다. 최초의 운동, 신성한 긍정이다. 창조를 위해서는 바로 어린아이의 신성한 긍정을 필요로 한다. 어린아이의 순수성은 기존에 축적된 사회의 가치들을 망각하게 하여서 자신의 온전한 세계를 획득할 수 있게 만든다. 이 모든 단계를 거쳐 인식은 완성되며, 각각 세 단계를 거치면서 자신의 정신세계가 올바르게 설 수 있게 된다.

인식의 세 단계에 대하여, 강혁 고3

레미제라블 장발장에 나타나는 인식의 세 단계

우리의 의식이 깨어 있는 한, 무엇인가에 대한 인식은 끊임없이 이어진다. 눈으로 보거나 귀로 듣거나 냄새를 맡는 등의 지각도 인식의 한 종류로 취급할 수 있다. 그러나 그것은 가장 단순하고 쉬운, 거의 모든 이들에게 적용될 수 있는 경우이므로 각 사례들 사이에서 차이를 구분하기란 쉬운 일이 아니다. 바다는 누구에게나 푸르며 소금은 누구에게나 짜다. 심지어 내륙에서만 살아 바다를 한 번도 보지 못한 사람일지라도 '바닷물은 푸르고 그 맛은 짜다'는 것을 그저 당위 명제로 받아들이고 있을 것이다. 그러나 이런 인식은 대상의 정보만을 받아들일 뿐으로 그 이상의 사고를 요구하지 않는다. 그러면 인식은 단순히 정보를 수용하는 행위일 뿐인가?

만약 당신이 한 소설 속의 신부가 되었다고 해보자. 어느 날 당신의 성당에 '장발장'이라는 사람이 찾아와 하룻밤을 재워줄 수 있는지를 물었다. 그는 전과자의 표식을 하고 있고 19년간 감옥에 있었다고 한다. 어떻게 행동하겠는가? 여기서는 지각 활동과는 달리 인생의 과정에 당신의 가치 판단이 개입하게 될 것이다. 당신은 그가 전과자여서 위험하다고 판단해 거절할 수도 있고, 그에게 연민을 느껴 그를 들일 수도 있다. 이 모든 판단의 밑바탕에는 조금 더 고도의 전제가 되어야 한다. 우리는 그런 사고 활동을 세 단계로 나누어 볼 수 있다.

인식의 세 단계에 대하여, 강훈 고3

먼저, 당신은 '다른 이들이 그렇게 생각하는 것' 즉 사회의 일반적인 의무를 지는 쪽으로 나아갈 수 있다. 이는 인내와 노력을 필요로 하며 마치 수행자와 같은 고행길을 걷는 것을 의미할 수도 있다. 이는 니체에 의해 '낙타의 정신 단계'로 명명된다.

더 나아가 당신은 일반적인 의무에서 벗어나 자유로운 행동을 선택할 수 있다. 초원의 사자는 그 누구에게도 위협을 받지 않고 누구에게도 구속을 당하지 않는다. 그저 자신이 내키는 대로 행위할 뿐이다. 이때 우리는 '사자의 정신 단계'에 다다른다.

마지막으로 당신은 자신만의 세계를 창조해 낼 수 있다. 이는 의무를 수행하는 것, 자유 의지로 행동하는 것 이상의 더 고차원적인 정신 활동이다. 이를 통해 당신은 때 묻지 않은 어린아이처럼 모든 것을 긍정할 수 있고 자신만의 삶의 법칙을 스스로 만들어 낼 수도 있다. 즉 자신만의 행동 근거를 창조할 수 있는 니체의 '어린아이의 정신 단계'에 다다른 것이다.

인식의 세 단계에 대하여, 강훈 고3

선하고 지혜로워야 하는 이유와 방법

어리석음은 배우려 하지 않고, 남의 말을 수용하려 하지 않는 것이다. 악은 힘이 생기면 욕심이 생겨서 올바르지 않은 짓을 하는 것으로, 악한 사람은 올바르지 않고 욕심이 많은 사람이다. 어리석지 않으려면 교육을 받아 배우고 남의 말을 수용할 줄 알아야 한다. 또한, 악하지 않으려면 힘을 가진다고 하더라도 욕심을 갖지 않고 올바른 마음을 가져야 한다. 이로써 올바르기 위해서는 지혜로워져야 한다. 그러려면 교육을 받아 배우고 또 그것을 수용할 줄 알아야 한다.

악한 마음을 선하게 하려면 욕심을 가지지 않고, 지혜, 양심, 용기 등의 가치를 알고, 국가와 같은 더 큰 힘으로 악한 자를 통치해야 한다. 어리석은 사람은 한마디로 올바른 말을 들어도 자신의 고집 때문에 진실이나 그 말을 안 믿는다. 그러므로 우리는 선하고 지혜로워져야 한다. 왜 우리가 선하고 지혜로워야 하는지는 선하지 않고 악해진다면 나쁘디 나쁜 생각만 하게 되어, 타당치 못한 일을 하게 될 것이기 때문이다. 그리고 타당치 못한 일을 한다면 자신의 마음은 다시 선에서 악으로 바뀌기 쉽다.

우리는 힘을 가진다고 하더라도 욕심을 버리고 올바른 일만을 해야 한다. 또 지혜, 양심, 용기 등의 가치를 알고 있어야

올바름과 어리석음에 대하여, 곽서은 초5

한다. 이처럼 우리가 지혜로워져야 하는 이유는 그래야 배우려고 노력해서 교육을 받고 나면 남의 말과 진실, 사실 등을 수용할 수 있기 때문이다.

이것이 어리석지 않고 지혜롭고 악하지 않으며 선해지기 위한 '방법'과 선하고 지혜로워져야 하는 '이유'이다. 이처럼 우리는 항상 선하고 지혜로워야 한다.

올바름과 어리석음에 대하여, 곽서은 초5

오해하지 않기 위한 노력

　　　　　우리는 진실과 오해에 대하여 정확히 파악하려 노력해야 한다. '체호프 단편선'이라는 책 중에 있는 '관리의 죽음'이라는 단편 소설에서 주인공 체르바코프는 재채기에 대한 잘못된 오해로 자신이 침을 튀긴 사람에게 계속 집요하게 따라다니면서 귀찮게 사과를 하다가 그 피해자에게 "꺼져! 꺼지라니까!"라는 말을 듣고 충격을 받아 집으로 간 후에 소파에 누워 죽었다. 즉, 이 이야기는 체르바코프가 재채기에 대한 잘못된 오해로 죽게 되는 이야기이다.

　　　　　그리고 '내기'라는 이야기에서는 어떤 파티장에서 은행가와 변호사가 사형과 종신형 중 무엇이 더 나은가를 이야기하다가 다투게 되고 200만 루블을 건 내기를 하게 된다. 이 내기에선 은행가는 사형, 변호사는 종신형이 더 좋다면서 한 이야기인데 그렇게 싸우다가 은행가는 '변호사가 15년 동안 독방에 있으면 200만 루블을 준다'고 한 것이다. 그러나 변호사는 그렇게 14년 11달 정도 동안 읽은 책 등으로 지혜를 얻게 되면서 자신의 자유가 200만 루블보다 더 소중하다는 것을 알고 그것을 사람들에게 알려 주기 위해 5시간 전에 독방에서 탈출한다는 이야기이다. 여기서 변호사는 15년이라는 시간보다 200만 루블이 더 중요하다는 오해를 했다.

　　　　　이와 같이 우리는 체르바코프처럼 재채기에 대한 오해 같은 일을 하지 말고 또한 변호사처럼 자유보다 돈이 더 좋다는 오해를 하지 말아야 한다.

　　　　나는 실제로 1학년 때, 지금 반성하고 있는 일이지만, 급식실에서 나를 등지고 있는 친구의 등을 장난으로 톡치고 빨리 뒤로 돌아보았다. 그러나 그 친구는 진실은 알려고 하지도 않고 오해한 채로 행동하여 죄 없는 다른 친구와 싸우게 되었다. 이렇게 진실인지 확인하지 않고 행동으로 옮기지 말고 정확히 사실을 확인한 다음에 행동해야 한다. 사람은 다 오해를 한다. 그래서 우리는 오해하지 않도록 노력해야 한다고 생각한다.

진실과 오해에 대하여, 권하랑 초5

우리가 잘못 알고 있는 것들

　　　　소설 중에 '관리의 죽음'이라는 소설이 있다. 이 소설에서 체르바코프라는 관리가 재채기를 했다가 앞자리에 있던 장군의 목에 침을 튀겼는데 오해를 하여 계속 사과를 하였고 장군은 화가 나서, 이에 소리를 질렀다. 체르바코프는 이 때문에 충격을 받아 죽는다. 이처럼 사소한 일에 오해를 하지 말아야 하겠다.

　　　　김정은은 북한의 지도자이다. 우리는 김정은이 핵폭탄을 가지고 위협하는 사람이라고만 알고 있었다. 하지만 김정은도 조국을 사랑하고 국민을 아낀다는 것을 알아야 한다. 그것을 알게 된다면 우리는 김정은이 핵폭탄을 가지고 무력 도발을 하려는 꼭 나쁜 사람만은 아닐 수도 있음도 고려해 봐야 할지 모른다.

우리는 로또에 당첨되거나 재벌 2세 같은 사람이 된다면 평생 먹고 호탕하게 살 수 있다고 생각한다. 물론 우리는 그런 경우 재미있게 살 수는 있겠지만 만약에 그 돈으로 투자를 했는데 그 가치가 떨어져서 돈을 잃을 수도 있고 회사가 잘못된 방향으로 가거나 부도가 나서 돈을 잃을 수도 있다. 따라서 돈이 많다고 평생 호탕하게 살 수는 없다.

　　　　우리 사회는 꼭 좋은 대학에 가야지만 좋은 직장과 돈을 많이 벌 수 있다고 말을 한다. 하지만 마오쩌둥 같은 주석도 학교

진실과 오해에 대하여, 김동은 초6

도 잘 다니지 않고 전쟁터 같은 곳에만 다녔는데도 훌륭한 사람이 되었다. 그래서 대학이 인생의 전부는 아닐 수도 있다.

　　　우리는 이렇게 삶에서 많은 오해를 하고 있다. 하지만 이제부터는 오해를 하지 말고 진실만을 알리고 노력하며 열심히 살아가야 할 것이다.

진실과 오해에 대하여, 김동은 초6

가족, 공기, 꿈 그리고 사랑, 용서, 인내

모든 사람이 중요하게 생각하는 것, 그 첫 번째는 가족이다. 그 까닭은 부모님은 의식주를 해결할 수 있게 해 주시고 나를 낳아 주시고 아껴주시고 사랑해 주시기 때문이다. 두 번째는 꿈이다. 꿈은 사람에게 희망을 주고 자기가 지금 무엇을 위해 사는지 알 수 있도록 해주기 때문이다. 세 번째는 공기이다. 그 까닭은 우리에게 공기가 없으면 죽기 때문이다.

이렇게 내가 중요하게 생각하는 것은 첫째로 가족, 둘째로 꿈, 셋째로 공기이다. 우리 세상 속 모든 것은 중요한 것이지만 이중 나에게 가장 중요한 것, 세 가지를 고른 이유는 다음과 같다. 첫째, 가족의 경우, 그 까닭은 가족은 꿈보다 더 큰 희망이 되기 때문이다. 둘째, 꿈을 선택한 이유는 꿈은 내가 왜 살까? 라는 생각을 할 때, 그 해답이 되기 때문이다.

한편, 내 마음속 정신적인 면에서 중요한 것은 사랑, 용서, 인내라고 생각한다. 이것들이 없으면 우리는 사이좋게 살 수 없기 때문이다. 사랑이 없으면 다툼이 밥 먹듯이 일어나고, 용서가 없으면 평생 복수할 생각만 할 것이고, 인내가 없으면 발전도 없을 것이기 때문이다.

우리는 가족이 없으면 살 수 없고, 꿈과 공기 없이도 살 수 없을 것이다. 또한 우리 마음속에 사랑, 용서, 인내가 없으면

우리에게 중요한 것들에 대하여, 김동은 초6

또한 살 수 없을 것이다. 이렇게 우리에게 중요한 것들이 없어진 다면 즐겁게 살 수 없기 때문에 이를 지키기 위해 더욱 노력해야 할 것이다.

우리에게 중요한 것들에 대하여, 김동은 초6

선택하는 삶을 위한 노력

선택받는 삶이란 누군가에게 선택받기 위해서 사는 삶이고 그 삶은 다른 사람 마음에 들기 위해서 내 삶을 희생해야 하는 삶이다. 선택하는 삶이란 중요한 삶의 결정 사항을 스스로 결정하는 것이다. 우리는 선택받는 소수가 되려고 너무 애쓰지 않는 것이 좋다. 선택받으려고 노력하지 말고, 선택하려고 노력하는 것이 오히려 더 쉽기 때문이다.

현재의 나는 선택받으려고 노력하는 삶을 살고 있는 것 같다. 왜냐하면, 선택을 받으면 부담이 안 돼서 좋기 때문이다. 그리고 주변 사람(지인)들 때문에 선택받으려 노력하는 것일 수도 있다.

선택하는 삶에 대한 예로써, 노예가 스스로 노예로 남기를 원할 때, 본인이 원하지 않더라도 해방하는 것이 옳은지, 아니면 그대로 노예로 두는 것이 옳은지에 대한 질문에, 나는 그대로 노예로 두는 것이 옳다고 생각한다. 왜냐하면 남들이 보았을 때 노예가 선택받기 위한 삶을 살고 있다고 대부분이 생각하지만, 노예도 나름대로 선택하는 삶을 살고 있을 수도 있기 때문이다.

이렇게 내 꿈을 위하여도 내가 스스로 대학을 선택하고 또 미래에 선택한 대학에 들어가려면 지금부터라도 선택받으려는 삶이 아닌, 선택하려는 삶을 살려고 노력하겠다.

선택받는 삶과 선택하는 삶에 대하여, 김동하 중1

인식의 시간

나태함을 막는 방법

인생을 살아가며 여유로움을 만나기는 힘들 것이다. 왜냐하면 여유로움은 할 것을 다 하고 있는 것이고, 한가로움은 할 것을 조금만 하는 것이고, 나태함은 할 일을 하지 않는 것이기 때문이다. 이때 거의 모든 사람이 여유로움이 좋다고 생각하지만 실제로는 나태함을 택한다. 당연히 그렇다. 처음부터 내가 해야 할 일을 다 한다는 것이 말처럼 쉬운 일이 아니다. 힘들 때일수록 이 일을 하지 않고 "놀고 싶다"라는 생각은 더 많이 들기 때문에 나태함의 길에 빠져들기 쉽다.

하지만 나태함의 길에 한 번 빠지면 마약처럼 빠져나오기 힘들 것이고 그 때 한 순간 선택을 잘 못 해, 인생이 망가질 수도 있다. 그렇다면 우리 인생을 망치는 나태함을 막을 방법은 없는 것일까? 그렇지는 않을 것이다. 나태를 막는 방법은 여유로움의 세계를 가져 보는 것이다. 여유로움을 한 번이라도 느꼈으면 나태함을 길로 빠지려고 할 때 여유로움 속에서 느낀 평온함과 편안함이 나태함에 길로 빠지는 것을 막아 줄 것이다.

우리는 진정한 여유로움을 쉽게 느끼기 어렵다. 일이 너무 힘들어서 포기하고 싶다고 느끼면 잠깐의 한가로움을 가져보는 것도 좋은 방법일 것이다.

한가로움과 나태함은 큰 차이는 없지만 한가로움은 내

여유로움에 대하여, 윤동현 중2

가 쉬기 전에 조금이라도 일을 해놓았기 때문에 다시 일을 시작할 때 그래도 더 편하게 시작할 수 있다. 하지만 나태함은 일을 하나도 하지 않았기 때문에 시작을 쉽게 하지 못하고 결국 일이 쌓이고 쌓여 감당하지 못할 정도로 늘어나게 된다. 이처럼 여유로움과 잠깐의 한가로움은 괜찮지만 나태함은 절대 안 된다.

여유로움에 대하여, 윤동현 중2

인식의 시간

개별의지의 역할

개별의지란 무엇일까? 개별의지란 자유로운 삶을 살기 위해 거쳐 가야 하는 마음가짐이다. 자유의지는 자신이 원하는 삶을 사는 것을 말한다. 한편, '이성적 합리적 세상'은 성공하기 위해 있는 정해진 삶이다. 우리가 초, 중, 고등학교를 다니면서 엄청 노력하여 수능을 보거나 수시로 대학을 간다. 그 후 또 열심히 일만 하면서 살다가 결국 죽는다.

이러한 이성적 합리적 세상에서 살게 되면 진정 행복하게 살지 못한다. 사람들은 모두 꼭 성공하라 하지만 성공을 위해 살면 자유롭지 못한 삶이 된다. 그렇기 때문에 우리는 개별의지를 가져야 한다. 십 년 동안 힘들게 노력만 해서 얻는 성공보다는 작지만 소소한 행복을 많이 누리며, 자유로운 삶을 살아야 한다.

그런데 우리 사회에서는 개별의지가 잘 활용될까? 내 생각은 아니라고 생각한다. 현재 우리 사회는 이성적 합리적 세상이다. 각자의 자유로운 뚜렷한 목표 없이 하라는 대로 하며 살고 있는 것이다. 그러므로 물론 쉽지는 않겠지만 단순한 성공보다는 자신이 좋아하는 것을 하면서 자유롭게 살 수 있는 사회가 되어야 한다.

나에 대한 반성을 해 보면, 나 역시 자신에게 개별의지를 많이 갖고 있지 않고 이성적 합리적 삶을 살고 있다. 앞으로는

창조적 삶의 힘, 개별의지에 대하여, 김민서 중1

너무 정해진 대로 단순히 성공하려 하지 말고, 내가 잘 할 수 있고 나 자신이 좋아하는 것을 하며 살아가도록 깊이 고민할 것이다.

창조적 삶의 힘, 개별의지에 대하여, 김민서 중1

성찰의 시간

법구경 속 배려와 자비

배려와 자비에 대하여 법구경 첫 번째 이야기는 '향을 쌌던 종이에선 향내가 나고 생선을 묶은 줄에선 비린내가 난다'라는 이야기이다. 이 이야기의 교훈은 사람들을 배려하고 좋게 대하는 사람은 향기가 나고 남에게 못되게 굴고 괴롭힌 사람은 비린내가 난다는 이야기이다. 그다음은 법구경 12장 '장로 비구의 중병과 해탈'이라는 내용이다. 이 내용에서 교훈은 전생에서라도 남을 배려하면 다음 생에서는 자신의 삶이 좋아진다는 것이다. 이 내용에서 나는 배려가 정말 중요하다는 것을 깨달았다.

다음 법구경 내용은 20장 효는 모든 도리의 근본이다.'라는 내용이다. 이 내용에서 찾은 교훈은 자신이 나쁘게 살아왔으면서 부처의 가르침을 받겠다고 하지 말고 자신이 먼저 잘해야 한다는 것을 깨달았다. 다음 법구경 내용은 '파사익 왕의 다이어트'라는 내용이다. 이 내용에서 찾은 의미는 '지혜 있는 사람은 지식을 채우고' '어리석은 사람은 몸을 채운다'라는 것을 배웠다. 다음 법구경 내용은 마지막 26장 '코끼리 조련사 아제달의 깨달음'이다. 이 내용에서 내가 찾은 뜻은 '사람이나 동물이나 함부로 폭력적으로 대하는 마음을 버려야 한다.'라는 의미를 찾았다.

다음으로는 "내가 실제로 어떻게 배려하고 자비롭게 우리 생활에서 활용할까?'라는 것에 대해서 나는 이렇게 생각했다.

배려와 자비에 대하여, 김민서 초6

친구들이나 가족이나 내가 의견이 다르고 생각이 맞지 않더라도 그 사람의 생각을 이해하고 배려하는 것이 실제로 우리 생활 속에서 직접 적용할 수 있는 배려라고 생각한다. 그리고 실제로 우리 생활에서 자비는 남들에게 조건 없이 베풀어야 하는 것 같다. 그리고 그것을 실제로 행하려면 많은 노력이 필요할 것 같다.

배려와 자비에 대하여, 김민서 초6

성찰의 시간

우리가 명예로울 수 있는 방법은 무엇일까?

　　　　　명예란 다른 사람들이 누군가에게 존경을 표시하는 것이다. 명예를 위해 필요한 것은 정직, 사람들에게 주는 도움, 신뢰, 희생, 기부, 나눔, 위대한 성취, 재능의 기부, 전통을 지키는 것, 자신만의 개성, 친절, 배려, 노력 등이다.

　　　　　이를 실천하기 위한 필수 조건은 불평하지 말고 받아들이는 것, 대범해지는 것, 편안함을 가지는 것, 샘물과 같이 감미롭고 깨끗한 물을 내뿜는 것, 악해지지 말고 선해지는 것 등이다.

　　　　　나는 이 중에 선해지는 것과 친절한 것이 가장 중요하다고 생각한다. 그 이유는 그래야 사람들과 모두 잘 지낼 수 있기 때문이다. 지금 내 생활을 여러 가지 명예를 위한 조건들에 대하여 적용해 생각해 보면 다음과 같다.

　　　　　첫째 '불평하지 말고 받아들이라'라는 조건에 대하여 나의 태도는 실천이 잘 안 되고 있는 것 같다. 둘째 '대범하라'는 조건에 대하여는 비교적 잘 지켜지는 것 같다. 또한, 셋째 '나는 어려움을 극복하지 못하는가?', 넷째 '나는 충분히 편안함을 가지고 있는가?' 다섯째 '나는 충분히 선한가?', 여섯째 '나는 다른 사람을 존중하는가?', 일곱째 '나는 다른 사람의 의견을 소중히 여기는가?'라는 질문에 대하여 생각해 보았고, 이를 통하여 앞으로 나는 더욱더 명예를 위해 노력하겠다.

명예로움에 대하여, 김보영 초6

용기와 실행

　　　　우리는 세상을 살아가면서 많은 문제를 마주한다. 그 중에는 학업 성취, 금전적 문제 등 작은 것부터 큰 것까지 있다. 보통 어릴 때는 작은 문제, 어른이 되면 큰 문제를 가진다. 그렇다면 나는 지금 어떤 문제를 가지고 있을까? 현재로서는 바로 학업이다. 대부분의 학생은 공부에 관한 것에 스트레스를 느낀다. 나도 이와 똑같이 학업 성취에 대한 스트레스 문제를 가지고 있다.

　　　　그렇다면 이러한 성질의 문제를 어떻게 냉정하고 이성적으로 해결할 수 있을까? 먼저 마음가짐이 문제다. 마음가짐을 올바로 가져야만 이것을 해결할 수 있다. 공부하기 싫다고 떼만 쓰고 시간만 허비하면 문제는 절대로 해결되지 않을 것이다, 자신의 마음을 바로잡고 다시 공부에 임한다면 학업에 대한 스트레스도 적어지고 문제도 해결될 것이다. 이처럼 모든 문제에 있어서 제일 중요한 것은 마음가짐인 것 같다. 자신이 어떤 마음으로 일을 행하는가에 따라 결과는 달라질 것이기 때문이다.

　　　　만약 우리가 문제를 가지고 있고 그에 대한 해결책이 나오지 않으면 마음을 가라앉히고 굳건히 해보자. '데미안'의 말대로 겁을 먹으면 아무짝에도 쓸모없게 되기 때문이다. 그렇게 하면 길이 보일 것이다. 두려운 마음을 버렸기 때문에 해결책이 드러나는 것이다. 그렇다면 이제 해결해 보자. 모든 것은 마음 속에

문제와 해결에 대하여, 김수현 중2

성찰의 시간

서 우러나오는 것이므로. 그리고 사람들에게 해주고 싶은 말이 있다. 겁을 내지 말고 그런 것 따위는 무시해 버리자. 올바른 인간이 되려면 용기와 실행, 절대로 그럴 필요가 있다.

문제와 해결에 대하여, 김수현 중2

숭고한 나눔과 나

　　　　숭고한 나눔이란 무엇이라 생각하는가? 숭고한 나눔은 우리가 필요하지 않은 여분의 것을 나누어 주는 일반적인 나눔이 아닌 우리 삶 전체 중 일부, 즉 남는 것은 물론 우리가 꼭 필요한 내게 소중한 것의 일부를 나누어 주는 것이다. 이 나눔이 진정한 숭고한 나눔이다. 하지만 이것과는 또 다른 네 가지의 나눔이 존재한다.

　　　　가진 것은 많으나 조금밖에 베풀지 않는 이들, 이러한 이들은 대부분 한 가지 이유가 베풂을 하게 만든다. 그것은 바로 남들이 알아주기를 바라는 마음이다. 그리하여 이것은 그 베풂마저 불결하게 만들어 버린다. 기쁨으로 베푸는 이들, 이들은 베풂으로써 얻는 그 기쁨 자체가 베풂이 그들에게 주는 보상이다. 하지만 이들과는 다르게 고통으로 베푸는 이들도 또한 존재한다. 그리고 그 고통은 바로 그들의 세례식이다. 또한 베풀되 고통도 모르고 기쁨도 찾지 않으며 덕을 행한다는 생각도 없이 베푸는 이들도 있다. 이들은 저 계곡의 상록수가 허공에 향기를 풍기듯 그렇게 베푼다. 마치 우리의 부모가 우리에게 베푸는 것처럼.

　　　　그렇다면 베풂을 받는 자세는 어떠해야 하고, 베푸는 자의 자세는 어떠해야 할까? 베풂을 받는 자는 그 베풂에 보상하듯 얼마나 어떻게 감사해야 할지를 생각하지 말아야 한다. 이러한

숭고한 나눔에 대하여, 김수현 중2

갚으려는 자세는 베푸는 이와 베풂을 받는 이 자신에게도 멍에를 씌우는 일이다. 그 베풂을 받아 타고 올라라. 반면 베푸는 자의 자세는 스스로 베풀 수 있는 자로서 베풀 수 있는 그릇에 마땅한지를 먼저 생각해야 한다. 베풀면서 그것을 받는 자의 마음에 상처를 주는 것은 진정으로 베푸는 것이 아니기 때문이다.

      숭고한 나눔은 가능할 수도 가능하지 않을 수도 있다. 또한 어떻게 누가 할 수 있을지도 모른다. 그렇다면 이 숭고한 나눔이 가능하기 위해서는 누가 어떻게 노력해야 할까? 이 질문에 대한 답은 바로 '나'이다. 그 다른 누구도 바꿀 수 없고 어떻게 해야 할지에 대한 답을 가지고 있지 않다. 이 질문에 대한 답을 가진 바로 한 사람, 그 사람은 바로 '나'인 것이다. 나 자신을 바꾸고 이기심을 버리고 노력한다면 그 누구도 이루지 못한 숭고한 나눔을 이룰 수 있을 것이다.

숭고한 나눔에 대하여, 김수현 중2

인식의 시간

세상의 틀

이 세상에는 정해진 것들이 많다. 사람들은 정해진 것들이 많으면 많을수록 안정적이라고 느낀다. 똑똑한 사람들은 당연히 좋은 대학을 졸업하고 당연하다는 듯이 사람에게 등급을 매긴다. 이런 당연한 것들이 학벌주의적 세상을 만든다. 그리고 사람들은 그것에 맞추어 그저 살아갈 뿐이다.

나는 그것과는 조금 떨어져 있는 곳에서 살았다. 아마 내가 그것으로 조금이라도 늦게 갔으면 하는 부모님이 소망이었을 수도 있다. 학교를 졸업했지만 졸업했다고 인정되지 않았고 미취학 아동에서 벗어나려면 시험을 봐야 했다. 하지만 그곳에서는 어느 정도 내가 하고 싶은 것들을 하며 지낼 수 있었고 나름의 행복한 어린 시절을 보냈다. 문제는 그 이후였다. 그곳에서는 이성적 합리적 세상의 것들을 접하는 것을 막았다. 내 부모님과 나는 줄곧 그곳은 이성적 합리적 세상과는 다르다고 믿어왔다. 하지만 그렇지 않다는 것을 알았다. 이것도 이성적 합리적 세상의 일부분임을 알았고 우리가 살고 있는 세상도 이성적 합리적 세상이라는 사실을 직면했다. 자유롭지 못한 것도 마찬가지였다.

우리는 그곳에서 나왔다. 어느 곳에도 속해 있지 않은 나는 자유의지적 삶을 살기 위해 노력하고 있다. "해야만 하는 것이 아닌, 하고 싶어서 하는 삶." 물론 이성적, 합리적 세상에 살

자유의지에 대하여, 김시현 중3

고 있는 나에겐 해야만 하는 것도 존재한다. 하지만 나는 이성적 합리적 세상도 우리 삶에서 어느 정도 존재해야 한다고 생각한다. 안타까운 점은 내가 자유롭게 하고자 하는 것들도 이성적 합리적 세상에서 살아가려면 그 틀에 맞추어 살아가야 한다는 점이다.

　　　　가끔은 이성적, 합리적 세상에 속해 보고 싶었다. 이성적 합리적 세상에서 만들어 놓은 틀에 나도 내년에 속하게 된다. 물론 내가 속하고자 해서 그렇게 하는 것이니 나는 자유의지적 삶을 살고 있다고 믿는다. 그 틀에 맞추지 않으려는 사람들이 점점 늘어나고는 있지만, 그것은 쉬운 일이 아니다. 하지만 사람은 정해진 틀이 없으면 나태해지는 경우도 없지 않아 있다. 그러니까 자유의지적 삶을 산다는 것은 자신의 의지대로 살아가는데 필요한 것을 할 수 있을 때 진정한 자유주의적 삶을 살 수 있는 것이 아닐까?

　　　　누구나 자유의지를 가질 수 있다. 다만 인생의 백 퍼센트를 자유의지로 살아간다는 것은 어려운 일이다. 우리가 알고 있는 이 세상은 이성적, 합리적 세상이고, 자유의지적 삶을 산다는 것은 이 세상의 틀 또는 그 규칙에서 벗어나는 것이니, 단 하루라도 내가 온전한 자유의지적 삶을 살 수 있으면 좋겠다.

자유의지에 대하여, 김시현 중3

마시멜로에서 나타나는 인식의 세 단계

　　　우리는 인생을 살아감에 있어 어떤 인식을 가지고 살아가고 있는가? 왜 인식해야 하는가? 차라투스트라에 따르면 정신은 세 가지 변화를 겪는다.

　　　　첫 번째, 한가득 짐을 지고 사막을 지나가는 낙타처럼 인내와 노력이 필요한 단계, 예를 들어, 식탁 위에 마시멜로를 올려놓고 5분이라는 시간을 조건으로 내세워 이 시간 동안 먹지 않고 기다리면서 인내하여 마시멜로를 하나 더 얻을 수 있는 기회가 제공된다면 우리는 낙타처럼 인내하고 노력하는 과정을 넘게 될 것이다.

　　　　두 번째, 맹수인 사자처럼 자유롭게 행동하는 단계, 5분이라는 시간이 흐른 후, 마시멜로 하나를 더 얻게 될 것이라는 희망과 '나는 바란다'라는 심정으로 마시멜로의 맛을 보고자 또 먹으려 할 때 비로소 우리는 진정한 자유를 인식하게 될 것이다. 하지만 만약 낙타의 단계를 거친 후, 5분이라는 시간을 못 참으면 다시 용에게 정복당해 낙타의 단계로 떨어질 위험이 있다. 용의 반짝 빛나는 비늘이 정신이 가고자 하는 길을 가로막아 방해하게 되는데, 이렇게 되면 5분이라는 시간을 제대로 인내하지 못하고 그럼으로써 마시멜로를 먹지 못하고 인내하게 되는 선택을 하게 될 것이다.

인식의 세 단계에 대하여, 김예진 고3

성찰의 시간

　세 번째, 어떤 행동의 첫 시작을 경험하는 어린아이처럼 순수한 단계, 하나의 마시멜로를 실제로 더 획득하게 되어 그것의 달콤함을 맛보았을 때, 우리는 어린아이의 순수한 심정으로 앞으로도 기다리고 인내하고 행동하면 마시멜로를 얻을 수 있을 것이라는 진리, 자신만의 가치를 창조하게 될 것이다.

인식의 세 단계에 대하여, 김예진 고3

지혜의정원

2장 숭고한 나눔에 대하여

정직함과 겉모습 / 겸허함에 대하여 / 유익과 도덕적 선의 상충 5가지 / 동질감에 대하여 / 진정한 아름다움 / 우리의 삶 / 진리의 길을 가야 하는 이유 / 평등한 세상을 위한 노력 / 여유로움, 한가로움 그리고 나태함 / 자연 속의 나 / 나를 찾는 방법 / 우리 생활 속 배려와 자비 / 평등을 위해 할 일 / 우리가 평등하지 않은 이유 / 바라지 않는 베풂의 숭고함 / 적극적 자유를 선택한 이유 / 삶의 목적과 자격에 대하여 / 편견의 극복 / 자장 스님의 교훈 / 나를 알다 / 배움과 성장 / 평등해지는 방법 세 가지 / 정직함에 대하여

Athena, Wisdom

정직함과 겉모습

　　우린 삶, 인생에서 참과 진리는 무엇일까? 참은 언제나 십 년, 백 년이 지나도 옳은 것이고, 사실이나 이치에 조금도 어긋남이 없는 것이다. 진리는 어떤 사람이 대단한 논리를 만들었어도 그 어떤 사람한테는 진리일지 몰라도, 다른 사람이 진리라고 생각하지 않으면 그 사람한테는 진리가 아니다.

　　진리란 "어떤 명제가 사실에 정확하게 들어맞거나 또는 논리의 법칙에 모순되지 아니하는 바른 판단"을 말한다. 형식적 의미로는 사유의 법칙에 맞는다는 의미에서 사고의 정당함을 의미하는 것이기도 하다.

　　내가 생각하는 우리 삶의 중요한 진리는 '정직함'이다. 왜냐하면 정직하지 않으면 만약에 좀 거짓으로 기업에 들어갔다고 해도 제대로 알지 못해 실수를 반복할 것이기 때문이다. 그리고 마음 한구석에 불편하고 무언가 후회가 될 것이다. 그리고 나의 자존심, 인성이 많이 망가질 수도 있다.

　　참과 진리 측면에서 나는 나의 본질을 생각할 수도 있다. 진짜 '나'는 490개 껍질 속에 숨어 있기 때문에 잘 찾을 수 없고 겉모습만으로도 나의 본질, 나의 진리를 찾을 수 있다. 필적, 친구, 적대 관계, 책, 시선, 관심으로 내 존재의 진짜 정체를 알 수 있다.

참과 진리에 대하여, 김유하 초6

인식의 시간

　　그러므로 정직함과 함께, 겉으로 드러나는 내 모습을 항상 조심해야 할 것 같다.

참과 진리에 대하여, 김유하 초6

겸허함에 대하여

　　　　인간은 누구나 일을 하면서 살아간다. 일을 할 때 겸허의 정신과 자세는 항상 빼놓을 수 없다. 희남자는 '강물이 모든 골짜기의 물을 포용할 수 있음은 아래로 흐르기 때문이다. 오로지 아래로 낮출 수 있으면 결국 위로도 오를 수 있게 된다'라 했다. 사람이 겸손하지 않으면 자만하게 되어 목표를 수행하다가 그만두게 되고 일을 그르치게 된다. 그래서 명심보감에서는 '그릇이 차면 넘치고, 사람이 자만하면 이지러진다'라고 말했다. 정신이 배부르면 게으르게 되기 때문이다.

　　　　인간은 겸허의 덕을 위해 연습이 필요하다. 먼저 경험에 비추어 내 소망과 강점 속 겸허함에 대해 분석해 보고자 한다. 나는 마음속에 다섯 가지 겸허하지 않은 바람이 있다. 첫째, 자신이 언젠가는 변할 수 있다는 믿음이다. 둘째, 일을 해 원하는 물건을 사는 일이다. 셋째, 세상에 기여하는 것이다. 넷째, 가족들이 함께 오래 사는 것이다. 다섯째, 모든 일이 다 잘 되었으면 하는 오만한 바람이다. 이런 생각들이 모두 이루어지기 힘들겠지만, 이것들은 예전부터 머릿속에서 생각만 하고 있다.

　　　　하지만 나는 실행이 부족했다. 그 이유는 내 마음속 깊은 저편에 자만이 자리 잡고 있었기 때문일 것이다. 다른 사람에게 드러내지는 않지만, 사실은 속으로 나 스스로에 대해 자만하고 있으며 이렇게 글을 쓰는 것도 바로 내가 겸허하지 못함을 드러내는 증거일지도 모른다. 그러므로 이를 항상 의식하여 자만심을 낮추는 작은 일부터 시작해야 할 것이다. '겸손함으로 다스리고 애써 일함으로 많은 것을 가지라.'는 에머슨의 말처럼, 겸허한 행동 속에서 나 자신을 서서히 발전시킬 것을 다짐한다.

겸허함에 대하여, 김인아 대2

성찰의 시간

유익과 도덕적 선의 상충 5가지

사람들에게는 여러 가지 의무나 이익들이 있다. 그중에서 의무를 택할 것인지 이익을 택할 것인지 선택을 하며 살아간다. 그러나 그러한 선택을 하는 중, 유익한 이익과 도덕적 선 사이에 어떤 것을 따를 것인지 충돌이 생기고 문제가 일어날 수 있다. 키케로의 '의무론'에 나오는 다섯 가지 예들을 들어 보자.

먼저 아테네와 페르시아의 전쟁 이야기이다. 아테네인들이 페르시아의 공격을 견딜 수 없게 되자 바다에서 싸우기로 결정했는데 '키르실루스'라는 자가 아테네에 남아 있다가 크세르크세스에게 성문을 열어 주자고 했다. 그러자 시민들은 키르실루스를 죽여 버렸다. 다수의 생명과 그리스의 안위가 달린 도덕적 선의 선택과 키르실루스와 같은 몇몇 시민들의 유익함 선택 사이에 충돌이 생긴 것이다. 이러한 상황에서는 다수를 살리는 선택이 유익하면서 동시에 도덕적으로 선하므로 도덕적 선이 우선되어야 할 것이다.

두 번째로, 아테네와 스파르타 군함의 이야기이다. 아테네가 전쟁에서 승리 후, 스파르타 함대에 불을 몰래 질러 적의 세력을 약화시키자는 계획이 논의되었다. 민회에서는 이것을 부결시켰다. 키케로는 이러한 상황에서 유익한 것과 도덕적으로 옳지 못한 것을 동일시하는 것은 이미 도덕적으로 타락한 것이라

유익과 선에 대하여, 김인아, 대1

고 주장했다. 하지만 이 전쟁의 예시에 대해서는 나는 다르게 생각한다. 왜냐하면 모두의 생명권이 똑같이 걸린 상황에서는 공리주의에 따라 행동해야 하기 때문이다. 전쟁이 일어난 시점에서 이미 도덕적으로 무너진 상태이다. 물론 스파르타 함대에 몰래 불을 지르는 행위는 칸트의 '의무론'에 입각하면 속임수이며 잘못된 행위라고 할 수 있지만, 정의 전쟁론과 진정한 현실주의에 따라 아테네 사람들에게는 유익하고 동시에 선한 일이다. 전쟁을 빨리 끝내고 합의를 보는 것이 마땅하다고 할 수 있기 때문이다.

세 번째로 로데스섬 이야기이다. 로데스섬이 기아에 빠져 있을 때 처음으로 어떤 상인이 알렉산드리아에 가서 곡물을 잔뜩 싣고 돌아왔다. 그런데 다른 상인들 또한 곡물을 싣고 오고 있다는 사실을 알게 되었다. 이 상황에서 처음 상인이 판매를 할 때 디오게네스는 사실을 알리지 않아도 된다고 했고 안티파네스는 알려야 한다고 주장했다. 이 예시에서는 섬사람들의 기아 해결과 다른 상인들의 이익 사이에 처음 상인의 이익이 상충한다. 나는 이 상황에서는 디오게네스와 안티파네스처럼 이분법적인 논리를 펴지 않아도 될 것으로 생각한다. 일단, 처음 상인에게는 섬사람들의 생명권이 달려 있음으로 기아 해결이 우선일 것이다. 사람들이 꼭 먹어야 할 곡물의 양만큼 낮은 가격으로 미리 팔고, 오고 있는 다른 상인들에게 바로 사실을 알린다. 그 후 상인들이 아직 도착하지 않은 동안 좀 더 높은 가격으로 곡물을 판다. 다른 상인들은 도착 후 처음 상인과 경쟁하며 팔면 누구도 손해 안 보고 유익과 선을 동시에 이루게 될 것이다. 또한, 이 상황은 처음부터 사실을 숨기는 것이 아닌 소극적 침묵의 상황이므로 처음 상인의 유익과 선이 크게 상충하지 않는다고 생각한다.

네 번째 이야기는 하자를 숨긴 집 판매 관련 유익과 선의 상충 이야기이다. 어떤 사람이 건강에 좋지 않고 생명에 지장을 주는 하자가 있는 집을 다른 사람에게 말하지 않고 팔려고 한다. 이 상황에서 그 사람은 하자가 있음을 말해야 하지만 만일 그렇게 한다면 그 집을 팔 수가 없을 것이다. 꼭 그렇게 해야만 할까? 하지만 그 사실을 비밀로 한다면 그것은 도덕적 선에 위배된다. 왜냐하면 다른 사람에게는 알 권리가 있고 생명 자체가 위험해질 수 있기 때문이다. 수리를 해서 매매하거나 철거를 해야 한다고 생각한다.

마지막 다섯 번째 예는 별장 이야기이다. 가이우스 카니우스란 사람이 별장 하나를 사서 즐기고 싶다고 말하고 다녔는데 그 소문을 들은 피티우스가 사기로 자신의 별장을 구매하게 만들었다. 이 적극적 거짓을 행하는 예시에서 피티우스는 자신의 유익함을 위해 카니우스에게 해를 끼쳤다. 도덕적으로 잘못된 선택을 한 것이다.

유익과 선에 대한 예들을 종합적으로 판단해 보면 유익

함과 선 중에서 선택을 할 때 타인을 고려해야 한다는 것이다. 유익함과 선의 경계는 모호해 보이지만 명확하다. 개인의 유익과 선, 그리고 사회의 유익과 선이 상충될 때, 유익함보다 도덕적 선을 우선해야 한다. 대체로 유익과 선의 비례로는 4:6 또는 2:8이 효율적이라고 생각한다. 이렇게 유익과 선은 일정 부분 같이 병행할 수 있다. 그 이유는 선이 바로 유익함이라고 생각할 수 있기 때문이다. 마이클 왈처의 다원적 정의론과 공리주의 등 다수의 이론에 입각하여 선이 유익함보다 좀 더 우선되어야 한다. 개인의 이익보다 공공 사회의 이익이 그 중요성이 크며 이는 개인의 선보다 전통적 선과 국제 규범의 범위와 의무가 더 크기 때문이다.

"유익보다는 도덕적 선이 우선하여 지켜져야 한다."

유익과 선에 대하여, 김인아, 대1

동질감에 대하여

파스칼의 팡세에서는 여러 이야기들이 단편적으로 소개되어 있다. 그 많은 이야기를 중에서 나는 허영과 충만에 대해 이야기를 해볼까 한다. 인간은 자칫 잘못하면 오만해지거나 허영심이 많은 사람으로 되기 쉽다. 따라서 그렇게 되지 않도록 겸손해야 하고 늘 충만함으로 가득 차 있어야 한다.

허영은 허세나 잘난 척과 같은 것이다. 자신이 남들보다 뛰어나거나 그렇지 않은데 허세로 무장한 것이 허영이다. 허영을 부리는 사람들은 경솔한 자이며 어리석은 자이다. 모든 사람은 결국엔 남들과 다르지 않으며 똑같은 사람이다. 이를 모르거나 인정하지 않고 허영을 부리는 사람들은 어리석다. 충만한 사람들은 그것을 알고 그것을 인정하는 사람들이다. 이런 사람들은 자신이 대단하다고 자신을 자랑하지 않으며 오히려 겸손한 사람들이다.

허영은 충만과 반대되는 것으로 이를 해결할 방법은 바로 동질감이다. 동질감은 자신과 남을 동일시하는 것이다. 허영을 벗어나기 위해서 해서 동질감을 갖는 것은 매우 중요하다. 허영은 남을 자신과 구분하고 자신과 타인의 다르다고 생각하는 것이기 때문에 동질감을 갖게 되면 타인에 대해 좋은 감정을 더 쉽게 느끼게 되고 그에게 더 관심을 가지게 되며 쉽게 타인과 잘

허영과 충만에 대하여, 김인진 고3

지낼 수 있어 허영을 해결할 수 있게 된다.

      예를 들어 내가 어느 한 분야에서 남들보다 매우 뛰어나다면 허영심이 생기기 쉬울 것이다. 이때, 내가 남들보다 더 잘하는 것이 있다는 것을 느끼고 자만한다면 어리석은 짓을 하는 것이다. 그 이유는 우리 모두는 완벽하지 않다는 점에 있다. 모든 사람은 완벽하지 않기 때문에 자신이 잘하는 것과 못 하는 것이 반드시 있다. 그렇기 때문에 자신에 대해 자만하는 것은 전체적인 삶을 보지 못하는 근시안적이고 어리석은 일이다. 이를 알고 허영을 멀리하는 것이 인격적 윤리적 또 도덕적으로 필요한 일이다.

허영과 충만에 대하여, 김인진 고3

성찰의 시간

진정한 아름다움

미란 무엇일까?
미는 사람마다 다르다.
어떤 자에게는 친절하고 아름다움이고
어떤 누구에게는 부드러운 속삭임이며
또 다른 누군가에게는 따뜻한 미풍이다.

미란 무엇일까?
미는 사람마다 다르다.
어떤 자에게는 창조하는 것이며
어떤 누구에게는 절대적이고 개별적이고
또 다른 누군가에게는 숭고한 것이며 동화된 삶이다.

미란 무엇일까?
미는 사람마다 다르다.
어떤 자에게는 기쁨과 행복을 주는 것이며
어떤 누구에게는 아무리 외면해도 존재하는 내면의 아름다움이고
또 다른 누군가에게는 그 무엇도, 그 아무것도 아니다.

아름다움에 대하여, 김인진 고2

배움의 시간

우리의 삶

우리는 살고 있다.
재물과 명예를 위해
그것이면 뭐든지 하겠지.
사람들의 생각은 다 다르다.

우리는 달라진다.
부와 명예
중요한 것은 따로 있다.
사람들의 방향은 다 다르다.

우리는 생각한다.
생각하고 또 생각하고
무엇이 더 중요한지 생각한다.
사람들의 목표는 다 다르다.

우리는 성찰한다.
무엇이 더 삶에 중요한지.
여유롭고 자유롭게 살고 싶다.
사람의 가치는 다 다르다.

삶의 목적에 대하여, 김인진 고2

진리의 길을 가야 하는 이유

우리는 성공의 길이 아닌 진리의 길을 가야 한다. 하지만 대다수의 사람은 성공의 길을 걷고 싶어 한다. 왜 그렇게 사람들은 진리의 길이 아닌 성공의 길을 걷고 싶어 할까? 그 이유는 아마도 성공의 길에서 돈을 많이 벌 수 있기 때문일 것이다.

그렇지만 나는 성공의 길이 아닌 진리의 길을 가야 한다고 생각한다. 왜냐하면 우선, 우리가 진리의 길을 걷는다면 우리는 아마도 진정한 삶의 의미 또는 진정한 가치를 찾을 수 있기 때문이다. 둘째로 성공의 길과 달리 진리의 길에선 조금만 방심해도 언제든지 쉽게 무너질 수 있다. 그렇기 때문에 진리의 길을 걷는다면 항상 삶이 흐트러지지 않는 마음을 가지게 될 것이다. 마지막으로 진리의 길을 걷는다면 삶이 절대 불행해질 일도 없을 것이기 때문이다.

조금 더 깊이 생각해보면 먼저, 우리는 진리의 길에서 삶의 진정한 의미와 가치를 얻을 수 있기 때문에 진리의 길을 걸어야 한다. 만일 우리가 진리의 길이 아닌 성공의 길을 걷는다면 예를 들어 자신의 직업과 그 직업을 지키겠다는 것에만 너무 열중해서 삶의 가치와 의미를 그만 잊어버리고 비도덕적인 일을 할 수 있는 위험이 있다. 또한 자신의 부와 지위에 너무 만족한 탓에 부끄러운 범죄를 저지를 수도 있다. 그리고 사람에게 자기

인식의 시간

삶의 가치 판단은 매우 중요한 것이다. 만약에 우리가 진리의 길을 걷지 않아 삶의 진정한 의미를 깨닫지 못한다면 사후 세계에서 자신의 삶을 후회할 수도 있다.

둘째, 우리는 성공의 길과 달리 진리의 길에서는 조금만 방심해도 쉽사리 무너질 수 있다. 그러므로 흐트러지지 않는 마음을 가지기 위해 진리의 길을 걸어야 한다. 마치 헤르만 헤세 〈나비〉의 주인공이 친구의 나비를 그만 못 쓰게 만들어버려서 그로 인해 진리의 길에서 멀어져 간 것처럼 말이다. 이런 이야기를 예를 들면 사람들은 진리의 길로 가고 싶어 할 것이고, 이미 진리의 길에 있는 사람은 정신을 잃지 않고 항상 자신을 돌아보며 살 수 있을 것이다. 자신의 삶을 돌아본다는 것은 매우 중요하다. 만일 자신의 삶을 돌아보지 않고 살아가는 사람이 있다면 그 사람은 자신의 실수를 끝내 알아차리지 못해 진리의 길을 걷지 못할 것이다. 이렇듯 사람이 진리의 길을 걷는다면 행복에 가까워질 수 있을 것이기 때문에 진리의 길을 걸어야 한다.

마지막으로 진리의 길을 걷는다면 삶이 불행해질리가 없기 때문이다. 성공의 길을 걷는다면 그 사람은 스트레스를 많이 받을 것이다. 〈행복한 왕자〉 이야기의 왕자처럼 자신의 몸에 꾸며진 많은 값비싼 장식물을 가난한 사람들에게 나누어 주며

성공의 길, 진리의 길, 김주형 초6

행복하게 살면 우리는 행복한 죽음을 맞이할 수 있을 것이다. 또 행복한 왕자는 비록 움직일 수도 없었으며 항상 동상으로 서서 지냈지만, 행복한 생활을 이어 나갔다. 그 이유는 바로 행복한 왕자가 남에게 베풀며 사는 진리의 길을 걸었기 때문이다. 그래서 진리의 길을 걸으면서 살면 이처럼 행복을 얻을 수 있기 때문에 진리의 길을 걸어야 한다.

우리는 삶의 의미와 가치를 찾으며, 불행해지지 않고 참된 삶을 걷기 위해 진리의 길을 걸어야 한다. 성공의 길과 달리 진리의 길은 〈나비〉 이야기에서처럼 한번 무너지면 다시 돌아올 수 없기 때문에 그리고 〈행복한 왕자〉 이야기에서처럼 남에게 베풀면 행복을 얻을 수 있기 때문에 우리는 성공의 길이 아닌 진리의 길을 걸어야 한다고 생각한다.

성공의 길, 진리의 길, 김주형 초6

성찰의 시간

평등한 세상을 위한 노력

우리 삶은 평등과 불평등이 공존한다. 우리는 평등한 세상을 위하여 노력해야 한다. 그래서 불평등을 없애는 것이 가장 좋은 방법이다. 불평등은 자연적 불평등, 신체적 불평등, 계급 차이의 불평등 등이 있다. 이 불평등 중에는 우리가 바꿀 수 없는 불평등도 있다.

자연적, 신체적 불평등은 연령, 나이, 건강이나 체력의 차이와 정신의 자질 차이 등 여러 개로 이루어져 있다. 또 사회적, 정치적 불평등은 일종의 약속에 의존하여 사람들의 합의로써 정해지는 것이다. 단, 자연적 불평등은 고칠 수가 없는 정해진 불평등이다. 우리가 불평등을 평등으로 바꿀 수 있는 것은 지위나 계급의 차이에 의한 사회적 불평등이다. 부자나 가난한 사람들의 지위를 모두 평등하게 만드는 방법은 여러 가지 방법이 있을 것이다. 하지만 먼저 평등의 목적, 평등해지기 위한 조건과 평등해지는 방법 등 여러 가지를 생각해 보아야 하고 아래 세 가지를 중요시해야 할 것 같다.

평등해지기 위한 조건은 몇 사람만이 행복하거나 몇 사람만이 가난해지면 안 된다. 또 자신을 희생하고 자신의 역할에 최선을 다해야 한다. 이것들 중에서 한 가지라도 조건을 충족하지 못하게 된다면 평등한 세상을 만들 수 없다.

평등한 세상을 위하여, 김주형 초5

평등의 방법은 모든 것이 조화를 이루어야 한다는 것이다. 만약 한 쪽이 다른 쪽과 조화를 이루지 못하면 한쪽만 지위가 높아지거나 낮아진다. 그래서 조화를 이루지 못한다면 평등한 세상을 이루지 못하게 된다. 그리고 평등의 목적은 아름답고 평화로워야 하며 또 행복한 세상을 만드는 것이다. 그래서 평등한 세상을 만들 때 이 세 가지 중 하나라도 만족하지 못하면 평등한 세상을 만들기는 힘들다.

　　　우리는 사람들이 평등해지기 위한 방법을 찾아야 한다. 첫째로, 지금 현재의 강자가 약자를 도와주어야 한다. 예를 들어 기부금을 내어서 평등한 세상을 만드는 것이다. 둘째로, 약자들이 현실의 행복을 희생하고 생각 속에서 행복을 찾으려고 노력하면 생각 속에서 평등하게 될지도 모른다. 이 두 가지 방법을 통해 우리는 평등한 세상을 만들어가야 한다고 생각한다. 그러면 누구도 불평을 하지 않을 것이기 때문이다. 하지만 이 방법은 성공할 확률이 매우 적다. 왜냐하면, 욕심 많은 강자는 약자를 돕지 않고 개인의 이익만을 생각하기 때문이다. 또 대부분의 약자들도 생각 속에서만 영원한 안식을 취하고 싶어 하지는 않기 때문이다.

　　　결론적으로 우리는 평등한 세상을 만들기 위하여 노력해야 하지만 우리가 고칠 수 있는 불평등은 지위와 계급적 불평등뿐이다. 그러므로 우리가 평등한 세상을 만들 때, 주의해야 할

평등한 세상을 위하여, 김주형 초5

성찰의 시간

점은 지위와 계급을 없애기 위해 모든 사람이 조화를 이루고 최선을 다하여 아름답고 평화로운 세상을 만들어야 한다는 것이다. 이렇게 우리는 평등한 세상을 만들기 위해 끊임없이 노력해야 한다.

평등한 세상을 위하여, 김주형 초5

여유로움, 한가로움 그리고 나태함

먼저 한가로움, 여유로움 그리고 나태함, 이렇게 셋으로 나누어 설명할 것인데, 우선 각각의 뜻을 제일 먼저 설명하겠다.

첫 번째로 여유로움이란 할 것이 있기는 하지만 시간을 나눠서 천천히 하는 것이다. 그렇다고 해서 너무 천천히 하여 제한 시간 내로 못해서는 안 된다. 너무 천천히 하면 여유로움이 아니라 나태함이 되기 때문에 적당히 조절해야 여유로움이 될 수 있다.

두 번째로 나태함은 게으른 것이다. 위에서 기술했듯이 너무 천천히 하면 게으른 것이고 게으른 것은 나태함이 되기 때문이다. 또 나태함은 한가로운 사람과 여유로운 사람들을 미로로 빠뜨려 빠져나오지 못하게 하고, 나태함을 사람이 가져야 할 필수조건이라고 착각하게 만들기 때문에 좋다고는 생각하기 힘들 것 같다. 마지막으로 한가로움은 할 것이 없어 자유로운 것이다, (여유로움은 할 것이 있지만 나누어서 계획적으로 하여 자유로운 것이다)

이제, 각각의 장단점을 살펴보면, 우선 여유로움의 장점은 각각 나누어서 천천히 하는데도 정확한 시간 내에 딱 들어맞을 수 있다는 것이고, 단점은 잘못하면 나태함의 길로 쉽게 빠져들 수 있다는 것이다. 그리고 두 번째로 나태함의 장단점 중, 장

여유로움과 나태함에 대하여, 김주형 초5

점은 나태함으로 행복하게 살아갈 수 있다는 것이다. 나태함은 장단점이 서로 연결되는데 행복하게 살아간다고 생각하지만 실제로는 그렇게 행복하지는 않다는 것이다. 간단하게 생각하면 너무 게을러져서 위험이 너무 많아지기 때문이다. 마지막으로 한가로움의 장점은 할 일이 없어서 시간이 부족해 못했던 것을 할 수 있다는 것이고, 단점은 갑자기 일에 닥치면 바로 대처할 수가 없다는 것이다. 바로 대처를 할 수 없어 일을 미루게 되고 다시 나태함의 길로 들어서게 되기 때문에, 한가로움 역시 여유로움처럼 위험하다.

여유로움, 한가로움 그리고 나태함 중에서 가장 좋은 것은 여유로움인 것 같다. 나태함은 그 자체로서 안 좋고, 여유로움과 한가로움 중에서는 여유로움이 더 좋은 것 같다. 왜냐하면 한가로움과 여유로움의 단점 중에서 여유로움의 단점이 적기 때문이다. 나는 나태함의 길로 빠지지 않을 것이고, 나태함의 길에 혹시 빠져도 꼭 다시 나오려 노력할 것이다.

여유로움과 나태함에 대하여, 김주형 초5

자연 속의 나

신라 시대 자장 스님은 신라에서 으뜸가는 스님이었다. 자장 스님은 문수보살을 만나기 위해 당나라 오대산에서 7일 동안 기도하였다. 그랬더니 꿈에 문수보살이 나타나 '모든 것에는 자기 본성이 없다는 것을 알면 진리를 깨달을 것'이라는 말을 범어(인도 어)로 전하고 사라졌다. 그 뜻을 알지 못하고 있는데, 그 다음 날 어떤 스님이 와서 그 범어의 뜻을 말해 주었다.

그 후 자장 스님은 신라로 돌아오는 도중 많은 스님들을 만났다. 그런데 스님들은 알고 보니 모두 문수보살이었다. 하지만 자장 스님은 그들을 알아보지 못했다. 문수보살은 아직 자장 스님이 배울 준비가 되지 않았다고 생각하여 계속 미루다가 몇 년 후 거지 행색의 늙은 거사 차림으로 찾아갔지만 자장스님은 끝까지 그를 알아보지 못했다.

이를 통해 우리는 자기 자신을 다른 사람보다 더 우월하다고 생각해서도 안 되고, 자기 자신이 다른 사람보다 더 못하다고 생각해서도 안 된다는 것을 배울 수 있다.

나는 평등한 세상을 위해서는 항상 자신을 겸손하게 낮추어야 한다고 생각한다. 불교 사상에서 말하듯이 '나'라는 존재는 어리석고 과도한 자존감을 가질 때가 많기 때문에 나에게 이가 될 것 같은 사람에게는 잘해주고 해가 될 것 같은 사람에게는

평등한 세상을 위하여, 김하은 고3

무시하고 차별할 수 있다. 하지만 나중에 내가 차별했던 사람이 나에게 역으로 차별할 수 있고 어떤 나쁜 마음을 품을지 모른다.

　　　　다른 사람보다 더 나은 사람이 되도록 노력해야겠지만 그렇다고 남을 과소평가하거나 과대평가하면 안 된다. 길을 지나가는 노인, 인종이 다른 가난한 나라의 흑인, 장애인 등을 겉으로 봐서 함부로 판단하지 말고 그 사람들의 내면을 보아야 할 것이다.

　　　　그리고 우리는 모든 생물들과 자연까지도 함부로 해서는 안 된다. 우리도 자연 안의 일부이고 언제가 우리가 자연 속 다른 사물이 될지, 다른 생물이 될지 모르기 때문이다. 우리는 자연을 보존해야 하고 자연과 생물들에 대해 함부로 생각해서는 안 될 것이다.

평등한 세상을 위하여, 김하은 고3

나를 찾는 방법

   니체는 진짜 '나'를 어떻게 찾아야 하는지를 알려준다. 니체가 주장한 가짜 '나'는 존재 안 깊숙한 곳에 숨겨져 있는 자아이다. 이 자아는 표면으로 드러나지 않으며 마치 자신을 깊숙하게 숨겨놓은 것과 같다. 니체는 이런 자아는 절대 진정한 자아가 될 수 없다고 판단한다. 즉, 그는 '나'를 깊숙이 있어 찾을 수 없는 것이 아닌, 내 주변만 봐도 알 수 있는 표면적인 모습이라고 한다. 또한 아직 덜 드러난 잠재적인 '나'를 일깨워주고 겉으로 드러나게 해주는 사람을 진정한 교육자라고 주장한다.

   나는 니체의 주장에 동의한다. 그 이유는 세 가지 들 수 있다. 첫째로, '나'라고 함은 내가 무엇을 좋아하고 무엇을 할 때 즐겁고 어떤 성격을 싫어하고, 무엇을 하고 싶은지, 겉으로 자연스럽게 드러나는지에 달려있다고 생각한다. 그에 따라 남이 나를 어떻게 보는지도 '나'를 형성하는 요소가 된다. 만약 어떤 사람이 글쓰기를 좋아하고 옷을 잘 입는다면 그 사람은 원래 그런 사람이라고 남들은 생각할 수 있다. 그 과정에서 그는 자신이 글쓰기를 좋아하고 옷을 잘 입는 것을 의식적으로 인식하면서 자아를 형성해 나갈 것이다.

   두 번째 이유는 만약 '나' 안에서 더 많은 능력, 잠재적인 요소들을 찾아내려 하는데, 나 혼자서 찾기 힘들 때, 니체가 말한

나의 발견에 대하여, 김하은 고3

교육자가 나의 드러난 모습과 잠재적인 모습을 발견해서 내가 무엇을 더 잘하고 즐길 수 있는지를 찾게 할 수 있을 것이다. 이 과정에서 모호했던 나의 목표나 지향점을 더 확립할 수 있게 될 것이다. 게다가 주변을 보았을 때 너무 평범한 사람들, 아무런 목표가 없는 사람들에게 진정한 교육자는 진짜 자아를 형성하는 과정에 아주 큰 영향을 미칠 수 있다. 예를 들어, 친구들과 좋은 관계를 맺고 있고 성적은 중간이고 특별히 잘하는 것이 없다고 생각하는 어떤 학생이 있다고 가정하자. 학교 담임 선생님을 진정한 교육자라고 했을 때, 그 선생님은 그 학생에게 평소 행동을 보며 무엇을 할 때 즐거워하고 좋아하는지를 지속적으로 파악하고 그 학생에게 일깨워줄 수 있다. 그렇게 된다면 그 학생은 위축되었던 자존감과 흥미를 끌어올릴 수 있게 되고, 나중에 어떻게 살아갈 것인지에 대한 목표를 정할 수도 있게 될 것이다.

　　마지막으로, 무슨 일을 하든지 만일 그 표면으로 드러나는 모습이 내가 아니라고 생각한다면, 항상 어딘가 불안하고 잘못을 저질러도 그것을 저지른 사람이 진짜 '나'가 아니라는 허황된 망상을 할 수도 있을 것이다. 예를 들어 어떤 사람이 살인을 저질렀다고 가정할 때, 만일 그가 범죄를 저지른 당사자가 진짜 '나'가 아니라고 생각한다면 그 사람은 아마 평생 감옥에서도 현실을 인정하지 않고 반성도 하지 않은 채 살아갈 것이다.

　　우리가 '나'의 진실되고 참된 자아를 확립하고 또 그것

나의 발견에 대하여, 김하은 고3

을 인식하려면 나의 주변 사람과 나의 행동을 유심히 관찰해 볼 것을 제안한다. 또한, 우리는 자신의 자아를 더욱 명확히 형성하기 위해서는 우리 주변 진정한 교육자를 찾으러 다녀야 할 것이다.

나의 발견에 대하여, 김하은 고3

성찰의 시간

우리 생활 속 배려와 자비

우리 생활 속에서 배려와 자비는 꼭 필요한 덕목이다. 그럼 어떻게 배려와 자비를 실천하고 적용할 수 있을까?

첫 번째로 다른 사람을 인정하는 삶을 살아야 한다. 무조건 자기가 옳다고 우기는 사람들은 배려를 하는 사람들이 아니다. 둘째로 다른 사람을 수용하는 삶을 살아야 한다. 다른 사람을 수용할 줄 알아야지 다른 사람들을 배려하고 자비로운 삶을 살 수 있다. 세 번째로 다른 사람들을 위한 삶을 살아야 한다. 다른 사람들을 위한 일을 열심히 해야지 비로소 타자를 위한다고 할 수 있다.

배려와 자비를 삶에 적용하면 자기 자신에게는 손해라고 생각하는 사람도 있을 텐데 절대 그렇지 않다. 예를 들어 법구경에 〈장로 비구의 중병〉이라는 이야기에서 장로 비구가 전생에 여러 죄를 지어서 중병을 앓고 있는데 아주 예전에 어떤 현자에게 자비를 베푼 적이 있었다. 그 현자는 자비를 잊지 않고 이번 생에 부처의 모습으로 나타나 장로 비구의 중병을 고쳐 주었다. 이렇게 배려와 자비를 베풀면 다른 사람들도 도울 수 있을 뿐만 아니라 자기 자신도 그 보답을 받을 수 있으니 모두에게 이득이 되는 좋은 일이다.

배려와 자비를 많이 베풀면 이 세상을 향기롭게 바꿀

배려와 자비에 대하여, 남병근 초6

수 있다. 예를 들어 법구경 〈제2장〉에서는 향을 싼 종이는 향내가 나고 생선을 묶은 새끼줄은 비린내가 난다고 기술하고 있다. 이처럼 우리가 자비와 배려를 하면 이 세상은 마치 향을 싼 종이처럼 향기가 나지만 계속 다투고 싸움을 계속하면 생선을 묶은 새끼줄처럼 비린내가 나는 세상이 될 것이다.

그러므로 우리 모두 향기 나는 세상을 만들어나가기 위하여 배려를 하고 자비를 베풀 줄 아는 사람이 될 수 있도록 노력해야 한다.

배려와 자비에 대하여, 남병근 초6

평등을 위해 할 일

우리 사회는 평등할까? 지금 우리 사회는 별로 평등하지 않다. 남자와 여자 사이에서는 대부분의 좋은 직업은 남자가 더 많고, 인간과 동물에서는 동물이 인간보다 낮게 취급되고, 아이들을 어른보다 더 낮게 보이고, 부(富)도 평등하지 않은 등, 우리 사회는 많은 불평등이 있다.

그러면 어떻게 하면 평등해질 수 있을까? 우리 사회는 해야 할 일이 많은 것 같다. 우선 차별을 다 없애야 할 것이다. 예를 들어 여자에게도 남자와 동등한 직업과 월급, 일자리를 제공하고, 동물들을 차별하지 말아야 한다. 인간의 잘못을 동물의 탓으로 미루지 말고 동물로 인간을 위한 실험을 하거나, 전시용으로 동물원에 있는 동물들을 잘 대해줘야 할 것이다, 그리고 아이라는 이유만으로 생각을 무시하거나 그의 말을 믿지 않거나 그런 일은 하지 않고 어른들이 하는 말과 다름없이 대우해야 할 것이다. 그리고 법원 같은 곳이나 좋은 기업, 아니면 취직할 수 있는 어떤 곳에서도 여자이거나 어리다는 이유로 취직을 안 시켜주거나 월급을 적게 주거나 (지금 그렇게 하고 있는 것 같다), 차별하는 것을 그만두고, 모두 동등한 시선으로 바라보는 것이 평등한 세상을 위한 일이라고 생각한다.

그럼, 나는 어떻게 변하면 될까? 우선 동물들을 보면 동물이란 이유로 못되게 굴거나 괴롭히지 말자. 그리고 남자, 여자들과 아주 똑같이 놀고, 혼자인 아이를 따돌리지 말아야 한다. 그리고 학원에 가서도 나보다 한두 살 어리다고 부당한 짓을 하거나 의견을 무시하던가 인권을 침해하면 안 된다. 이렇게 우리 세상을 더 평등하게 만들기 위해서는 우리가 할 수 있는 작은 일부터 최선을 다해야 한다.

평등한 세상을 위하여, 남병근 초6

인식의 시간

우리가 평등하지 않은 이유

삼국유사에서 부처님의 제자 문수보살, 지장보살, 관세음보살 중, 문수보살은 "우리 세상 누구나 부처"라며 평등을 강조했다. 그러므로 우리는 힘, 지식을 갖더라도 악해지지 않도록 주의해야 한다.

그런데 우리는 왜 평등하지 않을까? 평등을 이루는 방법은 무엇일까? 지금 우리 사회는 평등이 이루어졌을까? 내가 노력해야 할 점은 무엇일까?

우선, 왜 우리는 평등해지지 않을까? 그 이유는 자신이 뛰어나 보이기 때문에 그대로 평범하게 내버려 둘 수 없다는 생각 때문에 평등해지지 않는다.

그러면 평등을 이루는 방법은 무엇인가? 그것은 우선 서로를 존중하는 것이고 계급이 없게 하는 것이다. 두 번째는 서로를 배려하는 것이다. 이것은 서로를 존중하는 것과 비슷하다. 여기서 핵심은 "거만해지지 말자."이다. 존중에 대해 생각할 때 왕족, 귀족, 천민 계급이 있는 조선 시대를 생각하지 말고, 평등한 현재 우리나라 시민들을 생각해야 한다.

세 번째로 우리 사회의 평등은 이루어졌을까? 평등이 이루어졌다고 생각하는 사람은 "아직 평등이 이루어지지 않았다"고 말하면 놀랄 수도 있다. 하지만 평등은 아쉽게도 이루어지지

평등한 세상을 위하여, 박규나 초5

못한 것 같다. 왜냐하면, 평등해지려고 노력할 때 올바른 지식이 풍부해야 하는데 아직 이것은 부족하다. 그리고 노력을 하려고 하면 우리 눈앞에는 여러 가지 장애물이 있다. 예를 들어서 부에 대한 욕심과 자만감 등이다. 이런 장애물은 우리가 평등해지는 것을 막는다. 그래서 우리는 이런 장애물의 유혹에서 빠져나가야 한다. 빠져나가는 방법은 내가 생각하기에는 한 가지다. 이런 부와 권력에 대한 욕심, 자만감 같은 장애물을 가지지 않으려고 노력하는 것이다.

마지막으로 우리가 노력해야 하는 점이다. 우리가 노력해야 하는 일은 백 개도 넘는다. 그중 한 개만 말하자면 다른 사람을 이해하는 것이다. 내 생각으로는 우리는 이해하는 것을 잘 못 하는 것 같다. 왜냐하면, 나도 사람들에 대한 이해를 아직 잘 못 하기 때문이다.

내 생각에 지금 우리 사회는 평등하지 않다. 왜냐하면 지금 북한과 중국은 아직 공산주의이기 때문에 평등하지 않고 사람들이 부와 권력에 눈이 멀어서 각종 욕심을 내고 있어서 평등하지 않다.

우리는 평등한 세상을 원하지만, 그 많은 장애물과 욕심 때문에 아직 평등한 세상을 얻지 못했다. 그리고 우리가 가진 지식 때문에 거만해져서 평등한 세상을 얻지 못했다. 평등한 세상을 만들 수 있는 사람은 누구일까? 바로 나 자신이다. 나 스스로가 각오하고 평등한 세상이 오도록 노력할 것이다.

평등한 세상을 위하여, 박규나 초5

바라지 않는 베풂의 숭고함

베풂의 종류는 무엇일까?

첫째, 가진 것은 많지만 조금만 베푸는 것이다. 이는 어떤 부자가 거지한테 돈을 조금밖에 안 주는 것이다. 둘째, 가진 것은 적지만 모두를 베푸는 것이다. 이는 가난한 사람이 거지, 부자 등 모두에게 베푸는 것이다. 셋째, 기쁨이나 고통으로 베푸는 것이다. 기쁨으로 베푸는 것은 누군가에게 기쁜 마음으로 베푸는 것이다. 이는 가진 것은 적지만 모두 베푸는 것과 비슷하다. 고통으로 베푸는 것은 가진 것은 많지만 조금만 베푸는 것과 비슷한 것이다. 네 번째는 아무것도 바라지 않고 베푸는 것이다. 이는 산속의 상록수가 향기를 내뿜듯이 베푸는 것이다. 예를 들면 어떤 사람이 베푸는데, 보답을 바라지 않고 베푸는 것이다.

그럼, 숭고한 나눔은 무엇일까? 네 번째 나눔이다. 아무것도 바라지 않고 베푸는 것이 가장 좋은 것이어서이다. 그리고 내 생각에도 아무것도 바라지 않는 베풂이 가장 인상 깊고 마음에 와닿는 것 같다. 상대방의 마음을 생각하고 존중하며 베푸는 것이 가장 좋은 베풂이다. 나는 앞으로 상대방의 마음을 더욱 생각하며 또한 존중하며, 바라지 않고 베풀도록 노력해야겠다.

숭고한 나눔에 대하여, 박규나 초4

적극적 자유를 선택한 이유

소극적 자유는 노예의 자유 같은 것으로 그들은 단순히 주인으로부터 어떤 일과 심부름을 받지 않기를 원한다. 적극적 자유는 자신이 선택한 것을 하려는 자유이고, 이 자유를 얻기 위해선 각오하고 자신만의 세계로 철저한 탈출이 필요하다.

내가 여기를 처음 왔을 때, 소극적 자유였다. 하지만 지금까지 다니다 보니 적극적 자유가 되었다. 또 언젠가 친구가 만화책 '내일은 실험 왕' 책을 빌려주었다. 그때에는 소극적 자유였지만, 재미있게 읽는 과정에서 적극적 자유가 되었다.

앞으로 나는 적극적 자유를 선택하여 나아가고 싶다. 왜냐하면, 소극적 자유는 누가 시키고 억지로 일과 심부름을 하는 것이어서 선택하지 않았지만, 적극적 자유는 자신이 아무거나 다 할 수 있기 때문이다. 단점도 충분히 있겠지만 나는 적극적 자유가 더 좋다고 생각한다.

소극적 자유와 적극적 자유에 대하여, 박규나 초4

성찰의 시간

삶의 목적과 자격에 대하여

　　　　의미 있는 자격은 내 가치를 위한 꿈을 실현함으로써 가질 수 있는 것이다. 공동체를 위해 반드시 무언가를 해야 하는 것은 아니지만 내 가치를 계속 찾아가기 위해 노력하다 보면 어떻게 노력을 하던 사회에 도움이 되는 일을 생각하게 되는 것 같다. 나는 사람들에게 더 편하고 효과적이라고 생각될 수 있는 건축을 하기 위해서 노력할 것인데 단순하게 '편리한 건축'만을 추구하는 것보다 그것을 더 의미 있는 목적으로 발전시키는 것이 더 좋은 가치를 가질 수 있을 것이라고 생각해, 가치를 위한 꿈을 좀 더 확대시키게 되었다.

　　　　사회적으로 공동 주택 단지가 많이 들어섰지만 단지 조성을 할 수 있는 땅의 면적이 좁아 개발을 못 하는 지역이 많다. 따라서 사회적으로 조금 불리하게 살 수밖에 없는 환경에 노출된 사람들이 생겨나고 있다. 외국에서도 이런 사례가 많아서 공동 주택 단지를 좁은 공간을 활용하여 지어서 좋지 않은 환경에 노출되는 사람들이 더 나은 삶을 살 수 있도록 한 기사를 본 적이 있다. 나는 공간을 활용하여 편리성과 효율성을 추구하는 건축을 넘어, 공동 주택 단지가 개발되는 공간이 부족한 곳에서 크지 않은 공간을 활용하여 사람들이 여유롭게 살고 즐길 수 있도록 만들고 싶다는 새로운 목적이 생겼다. 그 목적을 가지고 가치를 위한 꿈을 이룬다면 나는 공동체에서 좀 더 의미 있는 자격을 가

목적과 자격에 대하여, 박서준 중2

질 수 있을 것이라고 생각하고 그 목적을 실현시키기 위해 더욱 노력할 것이다. 아리스토텔레스는 그의 저서 '정치학'에서 국가는 자연의 궁극적 목적이고 자연적 존재인 인간은 태어나면서부터 자연적으로 사회적 동물이 되며, '전체'는 부분보다 우선하는 것이 필연적이라고 하였다. 하지만 나는 전체가 개인(부분)보다 언제나 우선시 되어야 한다는 점에는 동의하지 않는다. 오히려 개개인의 편의나 자유가 보장되어야지 전체(국가)가 정상적으로 운영될 수 있다고 생각한다.

      사회가 자유롭기 위해서는 사회 구성원 모두가 자유로우면 된다. 나는 한 명의 사회 구성원으로서 다른 구성원의 편리함을 조금이라도 더 나은 방향으로 높여서 사회에서 작게나마 의미 있는 자격을 가지기 위해서 이러한 목적을 가져보기로 했다. 지금의 나에 비하면 거대한 목적이긴 하지만 나는 공동체와 한 사회의 구성원으로서 사회를 발전시키려는 작은 기여를 하는 것이 필수적인 의무라고 생각한다. 나는 '의미 있는 자격을 가진' 공동체와 사회의 구성원이 되기 위해 계속 노력할 것이다.

목적과 자격에 대하여, 박서준 중2

편견의 극복

편견의 첫 번째 시작은 자신이 자기 스스로를 잘못 판단하는 것이다. 표면적으로 드러나 있는 나 자신의 모습을 보고 편견을 갖게 된다. 편견의 두 번째는 타인에 의해서 비치는 대로의 '나'인데, 다른 사람이 생각하는 대로 내 모습이 바뀌는 것이다. 이렇게 다른 사람의 영향으로 나타나는 '나'를 '대타적 존재'라고 한다. 우리는 지금까지 여러 철학자와 과학자의 지혜와 지식으로 이 세상을 만들어왔다. 맞춰진 틀과 형식에 따라 규칙을 만들고 그 규칙들을 준수했고 누군가가 발견해 놓은 공식에 다른 현상들을 대입해 조금 더 새로운 것을 만들 뿐이었다. 이러한 모방 중심의 세상이 만들어지면서 나는 '실존'할 수 없었다. 이렇게 서로를 모방하는 대타적 존재 중심의 '나'는 '허위적 나'로 재탄생하고 편견을 일으키게 된다.

이러한 모습은 소설 '왕자와 거지'에서도 쉽게 찾아볼 수 있다. 거지들이 사는 빈민가의 '톰'은 '왕자'를 만나 서로 옷을 바꿔 입는다. 하지만 옷을 바꿔 입자마자 생김새가 비슷한 '톰'과 거지 옷 때문에 사람들은 '왕자'를 '톰'이라고 생각하여 무시하고 학대한다. 거지 옷을 입은 이유 때문에 왕자의 본성을 잃어버린 것이다. 겉모습을 통해 판단하는 것은 단순한 사람들의 편견일 뿐이다. 이러한 편견을 해결하기 위해서는 먼저 그 사람의 내면과 본성을 살피는 것이 중요하다. 이 이야기에서도 거지 취급을

편견과 본성에 대하여, 박서준 중1

받게 된 왕자의 본성을 파악하고 왕자를 잘 보살펴주고 억지로라도 존중해 준 '휴고'는 왕자를 도와서 왕위를 되찾을 수 있도록 하였다. 즉 '휴고'는 틀에 박힌 일반적인 생각, 즉 선입견이나 편견에서 벗어난 것이다.

  우리는 자신의 삶이 편견 때문에 본성을 잃지 않도록 노력해야 한다. 우리부터가 먼저 틀에 박힌 편견에서 벗어나도록 시도해야 한다. 다른 사람들이 편견을 가질 수밖에 없는 상황에서 자신의 확고한 본성을 통해 그것을 극복해 나가는 것 또한 우리가 명심해야 할 일이다. 즉, 우리 내면부터 갈고 닦아서 어떤 편견에도 대비할 수 있는 깊은 본성을 갖는 것이 다른 사람들의 편견을 극복하는 가장 중요한 방법이라고 생각한다.

편견과 본성에 대하여, 박서준 중1

성찰의 시간

자장 스님의 교훈

　　신라 선덕여왕 3년 자장 스님은 어느 날 꿈에서 문수보살을 만났다. 보살님은 스님께 깨달음의 게송을 일러주시고 떠나셨고 자장 스님은 그 뜻을 몰라 고민하고 있었다. 그러자 한 분의 스님께서 그 뜻을 알려주시고 어디론가 사라져 버렸다.

　　그 후, 자장 스님이 본국으로 돌아오실 적에 용왕을 만나 그분께 듣기를 게송의 뜻을 풀이해준 그 스님이 문수보살이라 하셨다. 오랜 후에 오대산에서 보았던 스님이 와서 말하기를 '대송정'이라는 곳에서 문수보살을 만날 수 있을 거라 하시었다. 스님이 대송정에 가보니 정말로 문수보살이 계셨다. 하지만 문수보살은 다음에 다시 만나서 이야기를 나눌 것을 기약하며 사라져 버리셨다.

　　몇 년 후, 남루한 차림을 한 거지가 '석남원'에 와 스님을 만나고자 하였다. 그러나 스님은 그를 만나주지 않았고 알고 보니, 그는 문수보살이셨다. 결과적으로 스님은 여러 번 보살님을 못 알아 봤고 스님의 어리석음이 드러나는 설화였다.

　　결국 평등한 세상을 만들기 위해서는 세상 모든 사람을 문수보살로서 평등하게 생각함과 동시에, 사람들의 외면만 보지 말고 내면을 보는 시각을 길러야 함을 알 수 있다.

평등한 세상을 위하여, 박소희 고3

배움의 시간

나를 알다

거울 속 나의 모습을 다시 보면 '나 아닌 나'
겉껍질 벗겨 벗겨 참된 실체 보고 싶어
이내 몽땅 벗겼으나 진정 '나'를 볼 수 없네.

다른 방법 찾아보니 주변 모습 찾아보니
못난 글씨, 어여쁜 손, 학교 짝궁, 어제 본 책
이 모든 게 나의 본질 진정으로 나타내어
이내 조금 알겠더라 나의 본질 알겠더라.

그런데도 나의 본질 나타나기 쉽지 않아
다른 방법 찾아보니 자문자답 하여보니
나의 사랑 무엇인가 나의 흥취 무엇인가.
나의 사랑 부모여라 나의 흥취 학문이네.

이내 조금 알겠더라 나의 본질 알겠더라.
이내 조금 알겠더라 나의 본질 알겠더라.

진정으로 나의 본질 알 수 있는 또 한 가지
내 부모님 내 선생님 생각하기 떠올리기
보인다 나의 모습 느껴진다 나의 본질.

나의 발견에 대하여, 박소희 고3

배움과 성장

우리 배움의 이유는 세 단계로 나누어져 있다. 1단계는 지식의 단계, 2단계는 지혜의 단계 그리고 3단계는 행동의 단계로 발전을 위해서이다. 우리는 글을 읽을 때 단편적인 지식의 단계보다 포괄적이고 종합적인 지혜의 단계를 적용해서 그 뜻을 파악해야 한다. 예를 들어 마키아벨리가 생각하는 것처럼 "잔인하다는 평판을 무시하고 행동하는 것이 군주에게 더 유익하다는 생각"을 지식의 단계로 적용하게 되면 잔인하고 난폭해지게 되지만, 지혜의 단계로 받아들이게 된다면 마키아벨리의 주장을 반대하고 비판할 수 있게 된다.

또 다른 배움의 이유는 우리가 배우게 된다면 자신이 원하는 대학이나 직업을 선택할 수 있고 그렇게 되면 일을 행복하게 할 수 있기 때문에 우리는 꼭 배워야만 한다. 또 우리가 배우게 된다면 마키아벨리 주장을 비판 또는 평가할 수 있게 되고, 그로 인해 우리는 또 다른 생각하는 방법을 배울 수 있다.

이렇게 올바르게 생각하고 일을 행복하게 하기 위해 무엇을 배우고 어떻게 배워야 할까? 우선 책을 읽어서 모든 지식을 지혜의 단계로 해석하도록 노력해야 한다. 성실하게 학교생활을 하여 성적과 친구들과 두루두루 어울리면서 친구와 친구 사이에서 배울 수 있는 것은 배운다.

배움의 이유에 대하여, 박주현 초6

또한 자신의 꿈을 위해 모든 것을 부지런히 하면서 자신의 목표에 조금씩 가까워져야 할 것이다. 항상 깊이 생각하고 말을 하면서, 생각하는 힘을 키워 우리 자신을 성장시켜야 할 것이다. 이렇게 열심히 배우게 된다면, 배움을 통해 우리 삶을 즐겁게 바꾸게 될 것이다.

배움의 이유에 대하여, 박주현 초6

평등해지는 방법 세 가지

우리 사회는 과연 평등할까? 지금 이 문제를 해결하기 위한 방법은 이 글을 읽고 판단할 수 있을 것이다. 우리 세상의 사람들은 부와 권력 같은 자신이 누리는 혜택과 기쁨을 이루기 위해 살아간다. 그것이 맞는 생각인가? 부나 권력, 그것에 빠져서 다른 사람이 누릴 수 있는 것을 빼앗는 질투의 화신 같은 사람이 이 세상을 평등과 반대로 이끌어 가는 것은 막아야 한다.

첫째, 우리의 평등한 세상을 위해서는 자신이 가진 것에 감사하고 모든 것을 긍정적으로 생각하는 것이 좋은 방법이다. 그리고 남과 차이점 즉 불리한 점은 너무 찾지 않고 자신이 받은 유리한 점에 대해 만족하는 것이 좋을 것 같다. 그리고 부와 권력이 생기더라도 불평등의 유혹에서 벗어나 자신답게 사는 것이 중요하다.

둘째, 우리는 동전과 같이 선과 악이 있다. 사람은 악이 더 많은 것 같지만 우리 안에 있는 선한 잠재력을 많이 깨워 선과 악이 적절히 공존하도록 해야 한다. 왜냐하면, 악은 아주 없앨 수는 없는 것이기 때문이다. 하지만 악을 줄이는 것이 그다지 어려운 일이 아니다. 우리는 선이 있으니 선을 따라 하다 보면 악이 줄어들 것이고 또한 악을 최대한 줄이면 선이 늘어날 것이다. 악도 선처럼 깨어날 수 있겠지만 악을 봉인해 두도록 노력하면 된

평등한 세상을 위하여, 박준영 초5

다.

    셋째, 우리가 모두, 평등한 세상을 이끄는 리더가 되어 다른 사람의 악을 최대한 줄여주며, 평등한 세상을 위해 사는 사람이 많다면 분명히 평등한 세상이 올 것이다.

    우리 어린이들이 악의 싹을 빨리 뽑아 버리고 평등한 미래를 보장할 수 있으면 더욱 좋겠다. 우리가 최대한 노력해 평등한 세상을 만들려고 하다면 그 결과는 성공일 것이다.

평등한 세상을 위하여, 박준영 초5

정직함에 대하여

어리석음은 배우려 하지 않는 것이다. 그 이유는 배우려 하는 사람은 뭐든지 대부분 알 수 있겠지만, 배우려 하지 않는 사람은 대부분 알 수 없을 것이기 때문이다. 따라서 배우려 하지 않는 사람은 어리석어질 것이고 배우려는 사람은 지혜로워질 것이다.

어리석음이란 내 생각에는 멍청함 같다. 어리석음은 지혜로움과 반대이고, 선함과 악함은 천지 차이다. 그 이유는 선함은 올바름이고 악함은 악의 기원이기 때문이다. 올바른 사람은 욕심이 없고 지혜도 많고 양심과 용기도 있다. 하지만 악한 사람은 지혜도 없고 양심도 없고 용기도 없고 가치도 없다.

선해지려면 어떠한 경우에도 자신에게 정직해져야 한다. 〈기게스의 반지〉 이야기로 예를 들어보자. 기게스가 어느 날 동굴에서 반지를 찾았다. 그 반지에는 신비로운 힘이 있었다. 그 힘은 바로바로 투명해지는 힘이었다. 하지만 기게스는 그 힘을 선하고 착하게 쓰지 않고 악하고 나쁘게 썼다. 기게스는 그 힘으로 나쁜 일을 했다. 그 일이 뭐냐 하면 남의 집에 가서 좋아 보이는 물건을 훔치는 것이었다. 기게스는 꿈을 이루고 살았지만, 결국 악한 사람이 되어 죽었다. 처음에는 선하게 태어난 기게스, 하지만 결국 그 반지가 불러온 악으로 기게스는 악한 사람으로 영

올바름과 어리석음에 대하여, 박지영 초5

원히 사람들에게 기억되었다. 따라서 우리는 그 어떤 악함에도 흔들리지 말고 정직하게, 선하게 살아야 한다.

올바름과 어리석음에 대하여, 박지영 초5

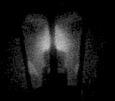

지혜의정원

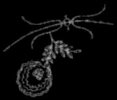

3장 명예로움에 대하여

우리만의 신대륙, 배움 / 자신의 본성을 향한 모험 / 진실을 위한 노력 / 낙타, 사자 그리고 어린아이의 정신 / 지식의 오해 / 배려와 자비란 무엇일까? / 평등을 위한 소소한 일 / 평등을 위한 나눔의 방법 / 멋진 세상을 위하여 / 나눔의 종류 / 삶의 목적, 제2의 꿈 / 모방, 나타남 그리고 편견 / 명예로운 삶이란 / 어느 일요일의 적극적 자유 / 사람이 '개의 종족'이 되는 이유 / 정직하게 살기, 신뢰를 얻으며 살기, 성실하게 살기 / 자신만의 세계 / 작은 오해에 의한 큰 결과 / 배려하는 삶 / 냉철함과 이성적 해결책 / 진정한 베풂 / 우리 세상의 비밀 / 세상을 향기롭게 하는 방법 / 여유로움의 세 가지 조건

Athena, Wisdom

자신만의 신대륙, 배움

사람들은 날마다 어떤 것을 배우면서 살아간다. 아이도 어른도, 우리는 날마다 배우면서도 대다수는 자신의 행동을 고치거나 바꾸지 않는다. 슬프지만 이 글을 쓰고 있는 나 또한 내 행동을 고치지 않고 자주 바꾸려고도 안 한다. 왜 그런 것일까? 우리는 배운 것을 다시 생각해 보지 않고 그것에 대해 단편적 짧은 기억을 하다 잊어버리는 것이다. 그것을 지혜롭게 이용하지 못하고.

그렇다면 우리는 그런 지식을 어떻게 배우고 사용해야 하는 것일까? 우리는 지식을 다시 한번 생각해 보고 곱씹어 보고 진정한 뜻을 생각해보아야 한다. 우리는 '지식'이란 단편적이고 틀릴 수도 있는 것이고 '지혜'란 포괄적인 것이라는 정의를 내린다. 만약 우리가 생활 혹은 수업 그리고 책에서 배운 것을 깊이 생각해 보지 않고 바로 생활에 실천하게 되면 자신의 신념과는 맞지 않는 행동이나 결정으로 많은 잘못된 선택을 하게 될 것이다.

우리가 학교에서 배운 도덕과 윤리는 학생에게는 단지 시험을 위한 공부로 대부분은 생각한다. 왜냐하면 대다수의 선생님은 도덕을 한 번 더 생각해 볼 시간이나 그럴 기회를 만들어 주지 않기 때문이다. 그렇기 때문에 학생에게 도덕이란 그들의

배움의 이유에 대하여, 박하람 초6

인식의 시간

올바른 성격과 신념을 만들 기회를 주는 것이 아니라, 암기력만 요구하는 연습이라는 잘못된 지식으로 버려지게 된다.

    책을 싫어하지 않는 사람들은 '군주론'이란 책을 한 번쯤 들어 보고 또 읽어 보았을 것이다. 그런데 만약 그들이 군주론을 다시 한번 생각해 보지 않고 진정한 뜻을 생각해보지 않은 채 군주론에서 얻은 지식을 행동으로 옮긴다면 그들은 반민주주의자, 파시스트가 될 수 있다. '권력을 쟁취하고 유지하기 위해서 악한 행동을 하는 것도 필요하다.'라고 주장하는 군주론은 이를 이용해서 폭정을 펼치고 공포 정치를 하려는 히틀러나 스탈린 같은 사람들의 행동을 정당화하는 수단이 될 것이다. 또한 소수의 군주만을 위한 지식을 삶에 적용하고 그것을 신념으로 받아들인다면 그것은 당연히 엄청난 불행이 될 것이다. 그러므로 우리는 단순한 지식을 다시 그 진정한 뜻을 생각함으로써 단순한 지식을 포괄적인 지혜로 거듭나게 해야 한다. 군주론도 합리적 비판을 함으로써 그 반대의 지혜를 얻을 수 있는 것처럼.

    우리가 힘들여 지식을 지혜로 거듭나게 하려면 그 지식으로 자신의 행동을 고치고 바꾸면서 자신의 지식을 진정한 행동으로 만드는 용기가 필요하다. 지혜화 되지 않고 즉 자신의 행동이 고쳐지지 않는다면 그는 자신의 진리와 정의를 쟁취하지

배움의 이유에 대하여, 박하람 초6

못하고 자신의 행복도 얻지 못할 것이다.

낭만주의 시대 때 유럽에선 많은 지식인들이 자신의 계획을 가지고 있었지만, 그것의 대부분은 행동으로 옮겨지지 못했다. 하지만 어느 한 사람은 자신의 계획을 제안하고도 거절당했지만, 다시 한번 그 계획을 제안하여 승인받고 새로운 자신의 진리를 찾아 떠났다. 그는 새로운 대륙을 발견했고 인류에게 엄청난 영향을 남겼다. 말년에 그는 자신의 공을 인정받지는 못하고 죽어갔지만, 그는 끝까지 자신의 진리를 믿고 행복하게 죽었을 것이다. 그의 이름은 '콜럼버스'다. 배움도 이와 비슷하다. 각자 자신만의 배움의 바닷속 신대륙을 발견하려는 것처럼.

우리는 지식이란 단순한 것을 있는 그대로 믿고 따르면 안 된다. 배움의 바다 혹은 진리의 방향을 벗어날 수도 있기 때문이다. 지식은 원석과도 같다. 단순한 원석을 깎아 내어 자신만의 지혜를 갖고 여러 사람에게 행복을 주는 마법의 반지와도 같은 행동으로 우리는 진정한 행복을 얻을 수 있는 것이다.

> "지식이란 배를 타고 지혜란 돛을 걸고
> 행동이란 지도로 삶의 바다를 헤쳐
> 우리만의 신대륙 행복을 찾는 것처럼"

배움의 이유에 대하여, 박하람 초6

성찰의 시간

자신의 본성을 향한 모험

이번에 생각할 주제는 '편견과 본성에 대하여'이다. 편견과 본성은 나에 대한 진실과 오해와 비슷하다는 생각이 든다. 편견은 우리에게 익숙한 것이다. 그런데 본성은 어쩐지 그 의미가 불명확하다.

무엇이 편견이고 무엇이 본성일까? 편견은 남에게만 꾸며 보여지는 진실이 아닌 자기 자신에서도 발견된다. 즉, 다른 사람들에게 둘러싸여 자신의 존재를 잃고 계속 다른 사람과 비슷해지려 자신의 본래 모습 따위는 무시하며 다른 사람들과의 깊은 관계로 자기 자신의 본성을 가리는 것이다. 이를 통해 자신은 다른 사람과 비슷하고 평범하게 산다는 안도감 안에 있으려 행동하며 편견을 키운다. 사람은 사회적 동물이다. 그래서 계속 평범해지려 한다. 하지만 자신이 평범하지 않다고 나쁜 것은 아니지 않은가? 자신이 자신처럼 사는데 무슨 잘못이 있겠는가? 우리는 이것을 이해하면 편견이 무엇인지 알 수 있을 것이다.

다음은 본성인데, 이는 있는 그대로의 우리를 뜻한다. 절대로 다른 사람처럼 보이려 모방하는 것이 아니라 우리 자신을 창조하는 자기 자신이다. 이렇게 창조적인 활동을 함으로써 현실에서 자기 자신을 유지하는 것이 우리의 본성이다. 다른 사람을 모방해서 로봇과 다름없는 삶을 사는 것과는 정반대의 이

편견과 본성에 대하여, 박하람 초5

야기이다.

    편견과 본성에 대한 생각을 종합적으로 정리하면 우리는 우리를 감시하는 '그들 (하르트만)'로 인해서 다른 사람을 모방하고 있는 그대로의 자기 자신을 받아들이지 못하고 다른 사람들에 의해 계속 변하고 휘둘린다. 자기 자신으로 살지 못한 삶을 살아 자신답지 못하게 살 것인가, 아니면 있는 그대로의 나 자신을 살려고 모험을 떠날 것인가? 자신의 본성을 찾아 나 자신의 색깔과 개성(본성)대로 살 것인가를 깊이 생각해야 한다.

    우리는 남에게 선택받으려 남들만 따라다니고 휘둘리며 남에 의해 변할 것인가, 아니면 내가 선택해서 내 스스로 있는 그대로의 자신의 본성을 찾아 모험을 하며 살 것인가?

편견과 본성에 대하여, 박하람 초5

진실을 위한 노력

우리 근처에는 의외로 잘못된 진실, 오해라는 것들이 많다. 그렇다면 그것은 무엇이, 어떻게 그리고 왜, 우리가 오해하고 있는 잘못된 지식일까?

무엇이 잘못된 것일까? 일단은 과학 지식이다. 잘못된 과학지식은 과학이 시작될 때부터 사람에게 오해가 생겼기 때문이다. 그로 인해 피해를 본 사람들도 생긴다. 하나하나 따져보면 이 세상에 있는 것, 거의 모든 것은 진실이 아니다. 아무리 착한 사람이라도 악한 면은 있기 마련이고, 그 이유는 이 세상 모든 것은 결점이 있기 때문이다. 이렇게, 어떤 사람을 완벽하게 착한 사람이라고 말할 수는 없다.

그렇다면 우리는 왜 오해를 하는 것일까? 두 가지로 나누어 설명해 보겠다. 첫 번째는 주입식 교육을 받은 사람이라면 다 알겠지만, 사람마다 경험이나 생각 등이 다른데 똑같이 생각하도록 강요받기 때문이다. 이로써 진실을 알려면 상대방을 배려하며 상대 의견을 진심으로 파악해야 할 것이다. 오해의 이유 세 번째는 시간일 수 있는데, 이는 시간이 가면 진리나 기억들이 변하고 그로 인해 오해할 수 있기 때문이다.

그렇다면 우리는 어떻게 진실을 찾을 것인가? 우리는 진실을 알기 위하여 끊임없이 노력하고, 정말 필요한 것이라면 항상 기록하고 그때의 생각을 자주 떠올리는 것이 도움이 될 것이다.

마지막으로 우리는 진실을 왜 알아야 할까? 진실은 진리라고도 할 수 있는데, 내 생각엔 지금까지의 학문은 진실(진리)을 위해서이며 앞으로도 그럴 것이다. 사람은 진리를 위해 살아야 하고 진리를 발견했다고 오만하면 안 된다. 하루하루 구체적으로 실존하는 창조적 삶을 사는 것도 거의 다 진리와 연관되어 있으며, 그것을 탐구하는 학문이 철학과 인문학이기도 하다. 우리는 진리의 탐구를 통해 조금 더 즐겁고 자유로워질 수 있을 것이다.

모든 직업은 모두 진실을 위한 것이다. 단, 진리를 향하는 길이 조금씩 다를 뿐이다. 진실로 향하는 길은 선이고 오류의 길에 빠진 것이 악인 것이기 때문에, 모든 것의 궁극적 목표는 진실이다. 그러므로 우리는 진실을 알기 위해 계속 노력해야 한다.

진실과 오해에 대하여, 박하람 초5

성찰의 시간

낙타, 사자 그리고 어린아이의 정신

정신에는 세 가지 단계가 있다. 첫 번째는 낙타, 두 번째는 사자, 마지막으로는 어린아이의 정신이다. 먼저 낙타를 기술하면 낙타는 뜨거운 사막에서 무거운 짐들을 든다. 그렇기에 이 단계에서 지식 그리고 지혜를 수용하게 된다. 난, 이 첫 단계, 낙타의 정신이란 것이 힘들지만 그만큼의 대가를 얻을 수 있다고 생각한다. 이를 통해 낙타로부터 발전하여 두 번째인 사자의 정신을 얻는다고 생각한다. 사자는 자유로움을 갖고 있기 때문에 자유를 누리는 단계라 할 수 있다. 사자가 맹수이니 다른 동물들은 사자를 무서워하게 되고 이로써 사자는 편안하고 자유롭게 지낼 수 있다고 생각한다.

이제 "새로운 가치는 누가 어떤 정신이 창조하는가?"에 대하여 생각해 보면 세 번째 단계인 어린아이의 정신이 새로운 가치를 창조하고 그 안에서 자신의 생각과 행동을 결정한다고 생각한다. 이를 통해 그만큼의 자기 생각을 나타내고 표현할 줄 아는 정신이 되는 것이다. 행동하고 표현하는 것, 그것이 난 가장 중요하다고 생각한다. 자기 자신의 생각을 나타내고 표현을 제대로 그리고 올바르게 말할 수 있는 것이 생각보다 쉽지 않고 어른들도 잘 해내지 못하는 일 중의 하나이기 때문이다. 하지만 아이들은 단순한 생각을 가지고 있고 어른들보다 상상력도 뛰어나기 때문에 '새로운 가치를 창조'하는 일이 충분히 가능한 정신이

인식의 세 단계에 대하여, 백재원 중1

라고 생각한다.

　　　하지만 어린아이의 정신까지 가는 길도 낙타, 사자의 정신을 모두 거쳐야 하니 결코 쉬운 일은 아니다. 낙타의 단계를 넘기 위해 노력하고 사자의 단계를 힘들게 넘어서야지 어린아이의 정신까지 도달할 수 있는 것이다. 이 세 단계의 정신들은 우리 삶에 잘 맞게 제시된 것 같다고 생각한다. 왜냐하면 그 정신들 하나하나의 의미가 실감 나고 마음에 와닿기 때문이다. 우리는 이와 같은 정신의 발전을 위해 계속 노력해야 할 것이다.

인식의 세 단계에 대하여, 백재원 중1

인식의 시간

지식의 오해

마키아벨리는 〈군주론〉 제17장에서 이렇게 말했다.

"많은 사람이 죽거나 약탈당하게 하는 군주보다
소수의 몇 사람을 시험적으로 죽임으로써
기강을 바로잡는 군주가
실제로는 훨씬 더 자비로운 셈이 될 것이다."

하지만 우리는 이 말을 교훈으로 받아들이면 안 된다. 그 이유는 내용 그대로 받아들이면 잔인한 리더가 좋은 리더로 받아들여지기 때문이다. 이처럼 우리는 모든 독서와 공부에 있어 1단계 '지식의 단계'가 아닌 2단계 '지혜의 단계'로 받아들여야 한다. 우리는 지혜로써 받아들여 위 내용이 잘못되었음을 이해하고 부정해야 한다.

우리는 깊이 생각하여 정확한 교훈을 도출하고 이를 바탕으로 3단계인 '행동의 단계'로 실행 시켜 지혜를 삶에 적용해야 한다. 이처럼 3단계를 성공함으로써 단순한 1단계 지식을 비로소 완전히 이해했다고 말할 수 있을 것이다.

우리 배움의 목적은 경제적 부를 위해, 성공하기 위해

배움의 이유에 대하여, 서재원 초6

그리고 명예를 얻기 위한 것 같지만, 사실 이 모든 것은 다 자신의 미래 행복을 위해 힘들더라도 해야 하는 일이다. 우리는 배움의 이유를 깨닫고 열심히 공부하고 또 배워나가야 할 것이다.

배움의 이유에 대하여, 서재원 초6

성찰의 시간

배려와 자비란 무엇일까?

배려와 자비는 무엇인가? 내가 생각하는 배려는 상대를 먼저 생각하고 용서하는 것이라고 생각한다. 법구경 제12장에서 '오백'이라는 사람이 전생에 사람을 괴롭히고 때리고 다녔는데 어떤 현자를 한 번 용서해 줌으로써 다음 생에 자신이 병에 걸리자 부처가 치료해 준 예를 들 수 있다. 또 23장 '파사익 왕의 다이어트'에서 매우 뚱뚱한 왕이 있었는데 백성들을 배려하기 시작하자 점점 살이 빠졌다. 이렇게 자비는 남에게뿐 아니라 자신에게도 베푸는 것이라고 생각한다. 즉 오백이 현자에게 용서를 베푼 것, 왕이 자신의 밥과 잠을 줄여 백성들을 위해 많은 돌봄을 베풀 때의 모습으로 해석할 수 있다.

배려를 생활 속에서 적용하는 방법은 '다른 사람에 대한 수용, 다른 사람에 대한 인정, 다시 한번 생각하기' 이렇게 세 가지라고 생각한다. 타인과 자신의 주장이 다르다고 외면하거나 무시해 버리면 서로의 관계가 악화되는 것은 물론 자기 생각의 폭이 좁아진다. 그러므로 다른 사람에 대한 수용이 필요하다. 두 번째는 만약 자신이 타인과 용모가 다르다고 해서 차별하고 무시하는 것은 서로 유전적으로 다른 것일 뿐이므로 그렇게 하면 안 된다. 이는 다른 사람의 생각에도 적용된다. 그래서 타인에 대한 인정이 필요하다. 마지막으로 '다시 한번 생각하기'는 타인이 어떤 잘못을 했을 때 그 잘못에 대해 무조건 화를 내기보다는 다

배려와 자비에 대하여, 성진환 초6

시 한 번 생각해 보고 용서를 베푸는 자세가 필요하다는 것이다. 하지만 상대가 도가 지나친 잘못을 했거나 자신의 인권, 기본 권리에 대해 모독을 했을 경우에는 무조건 관대함이 아닌 적절히 잘 대처해야 할 것이다.

      우리가 배려와 자비를 베풀었을 때 좋은 점은 타인을 이해할 수 있고 서로 관계가 좋아진다는 것임을 잊지 말고, 그와 같은 마음을 가지도록 노력해야 할 것이다.

배려와 자비에 대하여, 성진환 초6

평등을 위한 소소한 일

지금 현재 우리는 평등할까? 전반적으로 그렇지 않다. 평등의 종류는 남녀평등, 부의 평등, 모든 생명체의 평등, 어른과 아이의 평등 등이 있다. 먼저 남녀평등은 지금은 많이 좋아진 편이긴 하지만, 아직도 남자들이 여자들을 무시하고 직장에서도 여자들은 진급하기 어려우며 월급에서도 차이가 크다. 부의 평등은 아주 심각한 문제가 되고 있다. 재산이 많은 사람이 가난한 사람들을 지배하거나 이용하려고 하기 때문이다. 모든 생명체의 평등도 마찬가지이다. 사람들은 다른 생명체보다 우수하다며 다른 생명체들을 죽이고 괴롭히는 행위를 저지르기 때문이다. 마지막으로 어른과 아이의 평등은 많은 어른이 아이들의 생각이나 창의성을 무시하고 어른들이 원하는 대로 아이들을 교육하기 때문에 평등하다고 볼 수 없다.

그럼 어떻게 하면 평등해질까? 루소는 원래 인간은 자연 상태에 있었지만 잘못된 교육과 습관으로 타락했기 때문에 국가와 정부를 만들어 사람들을 올바르고 선하게 교육하고 좋은 습관을 갖게 해야 한다고 했다. 또 삼국유사에 나오는 불교 설화 '자장 스님과 문수보살'에서 자장 스님이 여러 모습으로 변한 문수보살을 여러 번 만났지만 모두 알아보지 못했다. 이 이야기는 모든 사람은 부처의 마음을 가지고 있고 노력만 한다면 모두 부처가 될 수 있기 때문에, 모든 사람은 평등하다는 뜻을 담고 있다.

평등한 세상을 위하여, 성진환 초6

평등을 위한 방법으로써 내 생각은 부와 명예를 갖거나 다른 사람보다 상대적으로 뛰어난 사람들이 그렇지 않은 사람들을 차별하지 않고 이용하지 않으면 될 것으로 생각한다. 왜냐하면, 남녀 차별은 남자가 여자보다 우월하다고 생각하기 때문에 생기는 것이고, 모든 생명체 사이의 차별은 인간이 다른 생명체보다 뛰어나기 때문에 다른 생명체를 함부로 대해서 그런 것이며, 마지막으로 어른과 아이의 차별은 어른이 아이보다 경험이 많아서 일방적으로 아이들을 무시함으로써 발생하기 때문이다.

나는 지금 당장 생명을 바쳐 평등한 세상을 위해 크게 기여할 수는 없겠지만, 나보다 무언가 못하다고 절대 무시하지 않으며, 내가 부와 명예를 가졌어도 절대 자신의 이익을 위해서만 쓰지는 않고 기부하며, 평등한 세상을 만들어야 하는 이유를 깨달으려 노력하는 등, 작고 소소한 것부터 실천해 나갈 것이다.

평등한 세상을 위하여, 성진환 초6

평등을 위한 나눔의 방법

　　우리 세상은 평등한가? 내 생각은 그렇지 않다. 우리 사회는 요즘 여러모로 불평등이 많다. 그리고 이러한 불평등 때문에 많은 사람이 고통을 겪는다.

　　그렇다면 이런 불평등을 어떻게 하면 해소할 수 있을까? 내 생각은 불리한 계층은 지원하고 우세한 계층은 그들의 특권을 조금 박탈하는 것이 가장 좋은 해결 방법이라고 생각한다. 왜냐하면, 행복이 한쪽으로만 치우치고 다른 한쪽이 고통스러운 것은 옳지 못하다고 생각하기 때문이다. 그러므로 평등이 어느 한쪽으로 치우치지 않도록 격차를 최소한으로 줄이는 것이 해결 방안이라 생각한다.

　　그런데 과연 '우세 계층'의 특권을 빼앗는 것은 정의의 기준에 어떨까? 우세 계층의 과도한 특권을 나누어 '불리 계층'을 지원하는 것은 좋은 생각이다. 그러나 무조건 특권을 빼앗는 것은 좋지 않다. 왜냐하면, 불평등을 해소하는 것은 모두가 행복한 세상을 위한 것인데 그런 지원 방법이 오히려 부정적 사회 불만의 악순환을 몰고 올 수 있기 때문이다. 부자 계층과 저소득 계층 둘이 있다고 하자. 부자 계층은 '+1'을 가지고 있는데 저소득 계층은 '-1'을 가지고 있다. 그런데 부자 계층이 하루아침에 '-1'이 된다. 국가가 특권을 빼앗은 것이다. 이로써 부자 계층과 저소득 계층은 둘 다 '-1'이 되었다. 분명히 똑같아졌으나 **빼앗긴** 특권층은 불만이 늘어갈 것이다. 그리고 모두가 극빈층이 될 수도 있을 것이다. 게다가 이 돈과 특권은 어디로 갈까? 바로 국가로 갈 것이다. 이렇게 되면 국가는 부유해지나 국민은 가난해질 것이다.

반대로 불리 계층만 지원하는 것은 어떨까? 그러나 이 방식으로 진행하면 국가는 가난해지고 국민만 부유해질 것이다. 이 역시 국가의 역할과 힘이 약화하는 등, 부정적 결과를 일으키게 될 것이다. 그리고 마지막 방법은 우세 계층의 것을 불리 계층에게 나누어 모두 '0'이 되도록 하는 것이다. 이때는 우세 계층의 과도한 불만은 없고 불리 계층도 만족할 것이다. 그러나 이 경우도 나눔에 대한 정당성과 사회 구성원 간의 합의가 있어야 할 것이다.

이렇게 우리 사회는 '우세 계층'의 특권을 조금 박탈하여 '불리 계층'을 지원하는 것은 옳다고 생각한다.

평등한 세상을 위하여, 손범서 초6

인식의 시간

멋진 세상을 위하여

올바름이란 남을 배려하고 존중하는 것이고 힘이 있어도 욕심을 부리지 않는 것이다. 그리고 올바름은 지혜로움이다. 지혜로운 사람은 남을 잘 도와준다. 어리석은 악이란 힘을 가지면 욕심을 자제하지 못하고 나쁜 짓을 하는 것이다.

악한 사람은 지혜롭지 못해 어리석은 행동을 하고 지혜로운 사람의 말을 듣지 않는다. 그래서 결국 그로부터 지혜를 배우지 못해 마지막에는 망한다.

〈죄수 동굴 이야기〉에서도 어리석은 사람은 진실을 모른다. 선하고 지혜롭게 되는 방법은 차분하게 공부하고 배우는 것이다. 또한, 욕심이 없어야 하고 끈기가 있어야 한다.

〈기게스의 반지〉 이야기는 투명하게 해주는 반지의 힘을 알게 되어 누군가 그 힘을 사용할 수 있다면, 어리석은 사람은 욕심 때문에 자기가 하고 싶은 일을 마음껏 할 것이다. 만약 그렇게 된다면 그것 때문에 곤란해지는 사람이 많아질 것이다. 예를 들어 슈퍼마켓에서 몰래 무엇을 훔치면 슈퍼마켓 주인은 곤란해질 것이다.

반면, 지혜롭고 올바른 사람은 욕심을 자신의 힘으로 자제하고, 어려운 사람을 돕는 등 올바른 일에 그 신비로운 힘을 쓸 것이다. 그러므로 지혜로운 사람은 다른 사람에게 피해를 주지

올바름과 어리석음에 대하여, 송다연 초5

않고 올바른 일에 그 힘을 쓴다. 이처럼 선하고 지혜롭게 되어야 하는 이유는 그렇게 되면 다른 사람들을 많이 도와주니까 사람들은 그를 좋아하게 되고 보답하려 하기 때문이다.

올바름과 어리석음에 대하여, 송다연 초5

인식의 시간

나눔의 종류

내가 생각하는 숭고한 나눔이란 내가 가진 것들을 부족한 사람들과 함께 나누는 것이다. 그런데 함께 나눈다고 무조건 숭고한 나눔이 아니라, 나눔 중에는 기쁨을 얻기 위하여 주는 나눔, 보상을 받기 위해 주는 나눔, 그리고 아무런 보상도 바라지 않고 기쁨도 바라지 않고 또한 자신이 선행을 한다는 생각도 없이 그냥 주는 나눔이 있는데, 이 중에서 내가 생각하는 숭고한 나눔은 아무 보상도 바라지 않고 기쁨도 얻지 않고 자신이 선행을 한다는 생각도 없이 주는 나눔이다.

이때 나눔을 받는 사람의 마음가짐도 중요하다. 받은 사람은 자신에게 베푼 사람한테 다시 보답하는 것이 아니라, 자신에게 베풀어 주었던 사람처럼 다른 어려운 사람에게 베푼다는 마음가짐을 가져야 한다.

그리고 나눔의 종류에는 자신의 삶을 믿고 자신이 가진 모든 것을 베푸는 것이 있는데 이것이 진정한 나눔이다. 그러나 부를 가진 부자들은 대부분 자신의 재산의 일부만 기부한다. 그런데 그렇게 해서 행복해지는 것이 절대 아니다. 자신의 재산이 많아서 그리고 자신의 부를 가지고 있다고 행복한 것이 절대 아니다.

부는 행복의 조건이 아니다. 행복의 조건은 나눔과 베풂

숭고한 나눔에 대하여, 안승준 중1

이며 자신이 부를 가지고 있지 않아도 자신이 좋아하는 일을 하며 살아가는 삶이 행복하다고 느끼면 그것도 행복이다.

아프리카에 사는 사람들도 우리보다 행복할 수 있다. 뉴스에 아프리카 행복지수가 우리나라의 행복지수보다 높다고 나와 있는데, 이는 부는 행복이 조건이 아니라는 사실을 확인 시켜주고 있다. 아프리카 사람들이 못 사는데 우리보다 행복하기 때문이다. 행복의 조건은 부가 아니라 나눔과 베풂이다. 사람마다 기준이 모두 다르긴 하지만, 자신의 능력을 베풀면서 자신이 행복하다고 생각하는 것을 하면 행복한 것이다.

숭고한 나눔에 대하여, 안승준 중1

성찰의 시간

삶의 목적, 제2의 꿈

　　우리는 삶의 목적을 통해 삶의 자격을 얻는다. 부처와 같은 경우를 예를 들면, 부처는 '자비를 통해 모든 중생을 구제하는 것'을 삶의 목적으로 정했다. 결국, 그는 자신의 삶의 목적을 통해 '명예' '존경'과 같은 삶의 자격을 얻었다. 만약 삶의 목적이 그저 '잘 먹고 잘사는 것'이라면 그만큼 만의 삶의 자격을 얻게 될 것이다. 결국, 자신의 삶의 목적이 무엇인지에 따라 그에 걸맞은 삶의 자격을 얻게 될 것이다. 물론 자기 삶의 목적을 정하고 실천 또한 해야 할 것이다.

　　나의 꿈은 정신과 의사이다. 내가 이 공동체 속에서 나의 의미 있는 삶의 자격을 갖기 위해 가져야 할 나의 삶의 목적이자 또한 나의 2단계 꿈은 '정신적인 고통이 있고 이에 대한 회복이 필요한 사람들을 치유해 주는 것'이다.

　　나는 삶의 목적이 무조건 화려하고 커야 한다고 생각하지 않는다. 그저 자신이 원하는 정도의 삶의 자격을 얻기 위해 삶의 목적을 정하면 된다고 생각한다. 또한 나는 삶의 목적이 크지 않아도 삶의 목적은 꼭 필요하다고 생각한다. 왜냐하면 삶의 목적을 정해야 우리가 올바른 방향으로 나아가고 그 과정에 많은 장애물이 있어도 이를 이루기 위해 중간중간의 많은 장애물을 뛰어넘을 수 있는 용기를 얻을 수 있을 것이기 때문이다. 나는

목적과 자격에 대하여, 양윤 중3

'삶의 목적'은 '제2의 꿈'이라고 생각하며 삶의 목적에는 가능한 나의 행복 또한 포함되어야 한다고 생각한다.

일단 삶의 목적이 정해지면 우리는 이를 실천해야 한다. 이를 실천함으로써 우리에게 삶의 자격이 따라온다. '행복', '명예', '겸손', '존경', '사랑' 등 이러한 삶의 자격은 내 사후에도 나를 수식하는 존재로 남을 것이다. 그렇기 때문에 우리는 삶의 목적을 정해야 하며 또한 이를 실천해야 한다고 생각한다.

이처럼 삶의 목적은 내가 앞으로 한 발 한 발 나아가는 데 필요하고, 이런 삶의 목적은 제2의꿈이라고 생각한다. 지금부터라도 각자의 삶의 목적을 정해보는 것이 어떨까?

목적과 자격에 대하여, 양윤 중3

모방, 나타남 그리고 편견

　　마크 트웨인의 '왕자와 거지'라는 책은 오펄 코트에 사는 거지 톰과 궁전에서 사는 왕자 에드워드가 만나서 벌어지는 이야기이다. 항상 왕자를 보고 싶어 하던 톰은 어느 날 궁전 앞에서 왕자와 만난다. 톰과 에드워드는 방에서 이야기를 나누다가 서로의 생활이 부러워서 옷을 바꿔 입고 잠시 생활해 보기로 한다. 하지만 왕자가 상상했던 톰의 자유롭고 행복한 생활과는 달리, 거지 옷을 입은 왕자는 동네 아이들에게 괴롭힘을 당하고 톰의 아버지와 할머니에게도 구박을 받으며 천대당한다.

　　위의 이야기 속에서 에드워드 왕자는 거지 톰의 생활에 자유롭고 행복할 것이라는 편견을 가지고 옷을 바꿔 입고 생활해 보지만, 사실은 배고프고 힘든 생활 즉, 다른 본성이 숨어 있었다. 이 이야기에서는 또 다른 편견과 본성을 찾아볼 수 있는데 그것은 왕자가 입은 '거지 옷'과 '왕자 자신'이다. 톰의 친구들과 가족들은 왕자가 입은 '거지 옷'이라는 편견으로 인해 에드워드 왕자를 톰으로 착각하지만, 실제는 왕자의 본성이 숨겨져 있다.

　　이와 같은 편견은 겉으로 드러나는 실제 나의 모습일 수도 있다. 흔히 우리가 친구들 앞에서, 선생님 앞에서, 부모님 앞에서 모습이 다르게 나타나는 것처럼 말이다. 위와 같이 대상에 따라 나의 모습이 바뀌는 것은 내가 무의식적으로 모방을 하는 이유도 있다. 어디서 본 듯한 사람의 모습을 모방하고 유명인의 모습을 모방하고 친구의 모습을 모방해 다른 사람들과 섞인다. 물론, 이와 같은 편견들이 무조건 나쁜 것은 아니다. 이러한 편견들은 우리를 사회에 동화하도록 해주기도 하기 때문이다. 하지만 이 과정에서 나의 본성이 잊히고 혼란스러워질 수 있다.

　　　　나는 타인을 '모방'하며 살고, 타인은 '나타남'으로써의 나를 판단한다. 이러한 일들이 계속되면 나는 내 본성이 무엇인지 혼란스러울 수 있다. 따라서 우리는 지금부터라도 내 본성에 대해 생각하고 행동해야 한다고 생각한다. 거지 옷을 입은 왕자 처지가 되지 않도록 말이다.

편견과 본성에 대하여, 양윤 중2

성찰의 시간

명예로운 삶이란

우리가 명예로울 수 있는 방법은 여러 가지 방법이 있다. 기본적으로 명예란 사람들이 존경을 표시하는 것이다. 명예로울 수 있는 방법은 크게 정직, 베풂, 신뢰, 기부, 성취, 자신만의 개성을 펼치는 것 등 많은 방법이 있다고 생각한다.

이것을 좀 더 자세히 생각해 보면 더욱 주의해야 할 여러 가지가 있음을 알 수 있다. 우선 불평하지 말고 사실을 받아들여야 한다. 대범해야 하고 어려움이 있으면 그것을 받아들이려고 노력해야 한다. 또한 정직뿐만 아니라 성실하고 부지런하고 약속을 잘 지켜야 한다. 어려움에 대하여 그것을 극복하려 노력해야 하고, 명예롭기 위해 노력하는 것을 불평하지 말며, 마음속 편안함을 항상 유지시켜야 한다. 샘물 또는 아이들의 순수함과 같이 감미롭기도 하고 깨끗한 물처럼 행동하여야 하며, 악한 생각을 하지 말고 선해지려고 항상 노력해야 한다.

자기 자신의 명예도 물론 중요하지만 다른 사람의 명예도 생각하고 존중하여야 하며, 자신의 의견만 생각하지 말고 상대방의 의견도 존중하고 받아들여야 한다. 상대방에게 항상 친절하고 배려심을 가져야 하고 상대방이 나에게 아무리 악한 마음을 품고 저주하고 욕을 하여도 항상 착한 말과 선한 마음을 그대로 계속 전해 주어야 한다. 그러면 언젠가 그도 선해져서 사람

명예로움에 대하여, 양희성 중1

들에게 선함을 베풀 것이다.

　　　우리가 기억해야 할 것은 명예롭게 살 뿐, 명예를 위하여 살지 말라는 것이다. 이는 명예를 생각하기만 하면서 다른 사람들의 인정을 받으려고만 노력하지 말고, 명예 그 자체가 되어서 즉 명예롭게 살기 위해서 나 자신에게 인정받기 위해 노력하라는 것이다.

　　　명예에 대해 공부하면서 느낀 점은 명예에 대하여 다시 한번 깊이 생각할 수 있었고 그것을 이루는 방법이 여러 가지가 있다는 것을 알게 되었다. 또한, 생활하면서 명예가 중요하고 명예롭게 살려고 노력해야 한다고 생각하였다. 또 다른 사람이 아무리 자신을 인정해도 자기 자신이 계속 노력하지 않으면 안 되고 자기 스스로 자신을 인정할 수 있도록, 우선 자신을 알고 스스로 명예롭게 살아야 한다고 생각했다.

명예로움에 대하여, 양희성 중1

어느 일요일의 적극적 자유

소극적 자유란 누군가 꼭 해야 할 일을 지시받았는데 그것을 안 하게 되었을 때 느끼는 자유를 말한다. 적극적 자유란 나의 의지대로 생각하여 공부하고 또 쉬는 것으로, 이때 우리는 진정한 자유를 느낀다.

내 생활 속에서 느꼈던 소극적 자유는 학원에서 숙제를 내주었는데 그것을 못 하여 힘없이 학원에 갔는데, 선생님이 예비군으로 학원에 못 나와 다른 선생님이 숙제 검사를 해 편안함을 느꼈던 때이다.

적극적 자유의 예는 어느 일요일의 하루였다. 보통, 일요일에도 엄마가 공부하라고 하지만 그날만은 아무 말씀도 하지 않았다. 나는 아침부터 저녁까지 내가 하고 싶은 대로 숙제도 하고 놀기도 했다. 이때, 적극적 자유는 나 자신이 알아서 숙제와 공부 등, 할 것을 다 하고 쉬기도 한 것이다.

난 앞으로도 적극적 자유를 중심으로 학교생활과 공부를 스스로 하려고 노력할 것이다.

소극적 자유와 적극적 자유에 대하여, 양희성 중1

사람이 '개의 종족'이 되는 이유

사람들이 인간의 조건을 만족하지 못하면 카프카의 '변신'에서처럼 벌레가 되거나 '어느 개의 고백'에서처럼 개가 되어 버릴 수 있다고 생각한다. 나는 인간의 조건을 만족하지 못하는 이유에 대하여 여러 가지를 찾을 수 있었다.

첫 번째는 사람들은 새로운 사람을 수용하지 않는다는 것이다. 새로운 사람이 온다면 작당과 모의를 하여 그를 몰아내거나 관심조차 주지 않으려는 사람들이 많다는 것이다. 이런 행동은 우리가 인간의 조건에서 벗어나게 한다.

두 번째는 자신이 어느 정도 안정이 될 수 있는 상황이 오면 그 이상이 되려고 더욱더 노력하지 않는다는 것이다. 예를 들어 카프카의 소설, '어느 개의 고백'에서처럼 "개보다 못한 자가 개가 되려고 노력조차 하지 않는다"라는 내용과 그 의미가 비슷하다.

세 번째는 자신이 아직 '개'가 아닌 사람들조차 개의 무리로 제 발로 들어서고 자신이 개가 되려고 한다. 이런 것들은 다 합리적이지 않은 개개인의 힘과 능력과 같은 배경으로부터 기인한 것 같다. 자신이 좋은 조건을 가지고 태어난 사람은 자신이 좋은 조건을 중요시하고 과시하기 바쁘며 점점 개가 되어 가는 것이다. 또한, 조건이 좋지 않게 태어난 사람은 더 좋은 조건을 가지기 위해 개의 무리에 들어가려고 노력하고, 자신이 직접 '개'가 되는 길을 택한다.

　　　　이처럼 사람들이 인간의 조건을 만족하지 못하고 '개'가 되는 이유는 여러 가지지만, 가장 영향을 많이 주는 것은 개개인의 힘과 능력, 즉 자신의 배경을 어떻게 사용하는가에 달린 것 같다.

인간의 조건에 대하여, 엄정윤 중2

정직하게 살기, 신뢰를 얻으며 살기, 성실하게 살기

'사람들로부터 존경받기 위한 방법은 무엇일까?' 이 질문의 답은 '명예란 무엇인가?'라는 질문의 답이기도 하다. 명예롭기 위해서 우리는 정직해야 하고, 사람들에게 도움을 주어야 하며, 신뢰를 주고 희생을 할 줄 알아야 한다. 또한, 기부를 하고 베풀며, 위대한 성취를 위해 노력하고 재능을 기부하기도 해야 한다. 성실하고 약속을 잘 지키며 자기만의 개성을 가지면서 부지런한 것 또한 명예롭기 위한 여러 조건이 될 것이다.

이 중에서 나는 정직하고 신뢰를 주며, 성실한 것, 이 세 가지가 가장 중요하다고 생각한다. 일단 명예는 사람들이 누군가에게 존경을 표하는 것이다. 사람들이 어떠한 사람을 존경하려면 그 사람은 정직해야 하고 성실해야 하며 신뢰감 있게 행동해야 사람들이 누군가를 존경할 수 있다고 생각했기 때문에 정직, 신뢰, 성실, 이 세 가지를 선택하였다.

수업 중 배웠던 내용 중 가장 인상 깊었던 내용은 다음과 같다.

"명예를 위해 살지 말고
명예롭게 살라."

명예로움에 대하여, 엄정윤 중1

성찰의 시간

또한 로마의 철학자 아우렐리우스는 명예를 얻기 위한 방법으로 '명상록'에서 이렇게 말했다.

첫째, 불평하지 말고 받아들여라.
둘째, 작은 일로 다투지 말고 대범해지라.
셋째, 어려움을 극복하라.
넷째, 항상 편안함을 가져라.
다섯째, 샘물과 같이 감미롭고 깨끗한 물을 항상 내뿜으라.
여섯째, 악해지지 말고 선해지라.
일곱째, 다른 사람의 명예도 존중하라.
여덟째, 다른 사람의 의견을 수용하라.

이 여덟 가지 명예를 위한 방법은 좋은 방법이라고 생각한다. 이런 교훈들을 생각하며 나는 명예를 위해 사는 것은 다른 사람의 인정을 받으려 노력하는 것이고 명예롭게 사는 것은 내가 나를 스스로 인정하는 것이라는 것을 알 수 있었다.

나 또한 명예롭게 살기 위해 노력할 것이고, 내가 중요하게 생각했던 정직하게 살기, 신뢰를 얻으며 살기, 성실하게 살기를 목표로 더욱 노력해 볼 것이다.

명예로움에 대하여, 엄정윤 중1

자신만의 세계

　개별의지란 무엇일까? 개별의지란 자신의 목표에 따라 가져야 하는 의지인데 더욱더 정확히 알려면 '이성적 합리적 세상'을 알아야 한다. 그것은 이성적 합리적 세상을 살면서 지켜야 하는 법률, 규칙, 도덕이 지배하는 세상이다. 또 살면서 정해져 가야 하는 길, 예를 들어 초, 중, 고, 대학, 취직, 은퇴와 같은 것이다. 많은 사람은 이것을 이루고 지키려고 필사적으로 노력하느라 자유롭지 못한 삶을 산다.

　하지만 사람들은 자유의지라는 것을 모두 가지고 있다. 자유의지라는 것은 자신이 살고 싶은 삶을 사는 것이다. 이런 자유의지는 이익도 없고 힘들 수 있어도 그래도 자신이 살고 싶은 삶을 꿈꾸는 것이다.

　이제 개별의지에 대해 정확히 생각해보자. 조금 전, 개별의 지는 자신이 목표에 따라 가져야 하는 의지라고 했다. 만약 A의 목표는 작가, B의 목표는 가구 디자이너라면 각각의 개별의지는 무엇일까? A는 책을 많이 읽고 글을 많이 쓰는 것이고 B는 가구를 많이 보고 그림을 많이 것이 A와 B의 서로 다른 개별의지이다.

　그런데, 과연 개별의지가 우리 사회에서 잘 활용이 되고 있을까? 내 생각은 '그렇다'이다. 왜냐하면 많은 사람이 자신의

창조적 삶의 힘, 개별의지에 대하여, 엄주원 초6

목표를 향해 노력하고 나아가고 있기 때문이다. 내 꿈은 교사인데 목표를 이루기 위해 모든 면에서 열심히 임하고 있으며 어린 아이들을 예뻐하고 친절하게 대하고 있다.

나는 목표를 위해 개별의지를 더 탄탄해 쌓을 것이다. 교사 말고도 다른 목표인 캐릭터 디자이너 등을 이루어낼 수 있도록 말이다. 그리고 자유의지도 마음에 두고 살아갈 것이다. 왜냐하면, 그것은 물론 내가 살고 싶은 삶이 있기 때문이다. 비록 이익이 크게 없더라도 난 내 자유로운 삶을 이루고 싶다. 앞으로 많은 사람이 '이성적 합리적 세상'에 갇혀 살지 않고, 모두 개별의지, 자유의지를 가지고 자신만의 세계를 이루었으면 좋겠다.

창조적 삶의 힘, 개별의지에 대하여, 엄주원 초6

성찰의 시간

작은 오해에 의한 큰 결과

우리는 진실과 오해에 대하여 정확히 파악하려 노력해야 한다. 이 세상에는 진실과 오해로 사건들이 많이 있다. 솔직히 "이것은 오해!"라고 판단하여 말할 수 없다. 사람에 따라서 오해의 기준이 달라질 것이다. 지금부터 체호프 단편선의 '관리의 죽음'과 '내기'를 이야기하겠다.

먼저 '관리의 죽음에 대하여 이야기하면 관리 체르바코프는 오페라를 보러 갔다. 오페라를 보고 있었는데 재채기를 하여 장군 브리잘로프에게 침을 튀겼다. 그래서 체르바코프는 죄송하다고 하였고 브리잘로프는 괜찮다고 말하였다. 하지만 체르바코프는 브리잘로프가 용서를 하지 않았다고 오해를 하였다. 체르바코프는 몇 번이나 반복해서 죄송하다고 말하였고 마침내 브리잘로프가 "꺼져!"라고 말하였다. 그래서 체르바코프는 그 충격 때문에 죽고 말았다. 나는 그 때 체르바코프는 '장군이 원한을 품고 있을 거야'라고 생각했을 것 같고 장군은 체르바코프를 용서했는데도 계속 죄송하다고 하여 엄청 짜증 났을 것 같다. 나는 '관리의 죽음의 작가의 의도는 '눈치 있게 행동하라' 와 '오해 말라'인 것 같다.

그 다음으로 '내기'에 대하여 이야기하면, 어떤 파티에서 은행가와 변호사가 종신형이 좋은가 사형이 좋은가에 대하여 말다툼을 하였다. 변호사는 종신형이 좋다고 했고 은행가는 사형이 좋다고 말하였다. 내기의 조건은 변호사가 독방에 15년 동안 있으면 은행가가 200만 루블을 준다는 것이었다. 15년 후 은행가는 사업이 망하자 200만 루블을 변호사에게 주면 파산할 위기까지 처했다. 그래서 은행가는 변호사의 독방으로 들어가 변호사를 죽이려고 작정하였다. 은행가는 변호사의 독방으로 들어갔다. 그러나 변호사는 없었고 편지 한 통만 있었다, 변호사는 15년의 5시간 전에 독방을 나간 것이었다! 변호사는 15년 동안 독방에 있으면서 철학책들을 많이 읽었고 이 세상은 돈이 중요한 것이 아니라는 것을 깨달은 것이다.

이 책의 의도는 삶은 돈이 중요한 것이 아니므로 '돈이 중요하다고 오해하지 말라'인 것 같다. 나는 모든 사람은 오해를 한다고 생각한다. 우리는 오해를 하지 않기 위해 노력하면서 한 번 더 지혜로운 사람에게 정확하게 물어보아야 한다고 생각한다.

진실과 오해에 대하여, 여동혁 초5

배려하는 삶

　　　삶의 목적은 포교, 능력, 가족, 재물, 우정, 사랑, 희망, 행복, 결혼, 봉사, 만남, 꿈, 배려, 경험, 베풂, 편안함, 기술, 재미, 지식 등이 있다. 포교는 사람들에게 하나님의 생각을 전달하는 것이고, 능력은 자신의 기술 같은 것이고, 가족은 자신이 사랑하는 사람이고, 우정은 친구와의 관계이고, 사랑은 결혼을 하는데 필요한 것이고, 희망은 1퍼센트의 기적 같은 것이다. 또 행복은 기쁨과 같은 것이고, 결혼은 어떤 여자와 남자가 사랑해서 같이 사는 것이고, 봉사는 다른 사람을 돕는 것이다.

　　　내가 생각하기에는 사랑, 배려, 포교가 이 중에서 가장 중요한 것 같다. 일단, 사랑하면 행복해질 수 있다. 사랑하면 결혼을 해서 아들이나 딸을 낳을 수도 있다. 사랑을 하면 사랑하는 사람들이 서로 좋아할 수 있기 때문에 우정도 좋아질 수 있다.

　　　배려는 다른 사람의 삶을 더 좋게 만들어 줄 수 있다. 만일 짝꿍이 지우개를 가져오지 않아서 빌려주면 짝꿍이 기뻐질 수 있다. 또, 배려를 하면 자기 마음도 홀가분해지고 행복해질 수 있다. 아프리카에 있는 불쌍한 사람들을 도와주면 그 사람들은 생명을 유지할 수도 있을 것이다. 왜냐하면 한 번만 더 음식을 먹지 않으면 죽는 사람이 있는데 그 사람에게 음식을 주면 생명을 유지할 수 있을 것이기 때문이다.

삶의 목적에 대하여, 여동혁 초5

포교는 종교를 널리 알리는 것이다. 나는 종교가 천주교이다. 포교를 하는 이유는 하나님이 우리를 창조해 주셨으니, 그것을 널리 알리고 베풀어야 하기 때문이다.

나의 2단계 꿈은 '사람들에게 재미와 행복을 주는 것'이다. 내 꿈과 연관이 있는 것은 '배려'라고 생각한다. 사람들에게 재미와 행복을 주는 것은 배려와 비슷하기 때문이다.

삶의 목적에 대하여, 여동혁 초5

성찰의 시간

냉철함과 이성적 해결책

이 세상에는 많은 문제가 있다. 큰 문제도 있고 사소한 문제도 있고 셀 수 없을 만큼 많다. 친구와의 싸움, 숙제, 시험, 수능, 대학, 공부, 직업 등 여러 종류의 문제가 생길 수 있다. 많은 문제들 중 내가 요즘 고민하는 문제는 진로 문제이다. 원래 나의 꿈은 검도 선수였는데, 그 꿈을 포기했을 때 나중에 무엇을 하며 살아야 할지에 대한 고민이 많아졌다. 그때부터 진로에 대한 고민과 문제가 많아지기 시작했다. 문제에 대한 고민을 해 보던 중 새로운 꿈을 가지게 되었는데 경찰이 되고 싶다는 생각이 들었다. 하지만 여기서 새로운 문제가 생겼는데 경찰대에 입학하려면 공부를 매우 잘해야 한다는 것이다. 이 문제를 해결하는 것은 간단해 보이면서도 어렵다. 공부를 잘하면 되는데, 그게 정말 쉽지 않은 것 같다. 이에 대해 냉철히 해결책을 찾아볼 것이다. 새로운 목표가 생겨서 좋다고 느끼는 동시에 부담감도 생기는 것 같다.

여러 문제들은 나 혼자 고민할 수도 있지만, 세상에는 여럿이 함께 고민할 것도 많은 것 같다. 우리 사회의 불평등 해소 같은 문제가 그것이다. 이렇게 여럿이 고민해야 하는 문제들은 더욱 해결하기 어려울 것 같다. 여러 명의 의견도 서로 맞아야 하고 소수의 의견을 무시할 수도 없는 것이기 때문이다.

문제와 해결에 대하여, 염승헌 중3

성찰의 시간

　　문제를 해결할 때는 먼저 내가 가지고 있는 문제를 정확히 알아야 할 것이다. 〈데미안〉이라는 책에서 주인공 '데미안'이 '싱클레어'의 문제를 해결해 주는 내용이 나온다. '크로머' 때문에 고통받던 '싱클레어'는 어느 날 '데미안'이라는 친구를 만나게 되고 현명한 '데미안'은 '싱클레어'의 처지를 알고 직접 불량한 아이, '크로머'와 이야기를 해서 '싱클레어'의 문제를 해결해 준 것이다. 〈데미안〉 소설에는 "문제를 두려워 말고 해결책을 찾으라"는 교훈이 있다. 〈데미안〉에서처럼 우리의 모든 문제는 냉철하고 이성적으로 생각하면 그 해결책이 보일 것 같다.

문제와 해결에 대하여, 염승헌 중3

진정한 베풂

나눔에는 네 가지 종류가 있다. 첫째, 가진 것은 조금밖에 없으나 전부를 베푸는 나눔이다. 나는 이것이 진정한 숭고한 나눔이라 생각한다. 둘째, 기쁨으로 베푸는 나눔이다. 이런 나눔은 좋을 수도 있지만 기쁨이라는 보상을 바라는 나눔일 수도 있기 때문에 보상을 바란다는 점에서 완전하지 않을 수도 있다고 생각한다. 셋째, 자기 자신을 베푸는 것이다. 이것도 숭고한 나눔일 것이다. 넷째, 고통도 모르며 기쁨도 찾지 않으며 덕을 행한다는 생각도 없이 베푸는 것이다. 이런 베풂은 나눔의 의미가 무엇인지 깊이 생각하게 한다.

숭고한 나눔이란 진정한 베풂의 의미가 있어야 한다. 자신에게 남는 것을 남에게 베푸는 것은 숭고한 나눔이라 할 수 없다. 남들에게 자신의 베푸는 모습을 보여주기 위해 베푸는 것 또한 숭고한 나눔이 될 수 없다. 자신의 삶을 잘라내어 나 자신을 베푸는 것을 숭고한 나눔이라 할 수 있다고 생각한다. 숭고한 나눔이 가능한 일인지 생각해 본다면 나는 충분히 가능하리라 생각한다. 사람들이 이기심을 버리고 남을 돕는 것을 의무적으로 생각하고 인식한다면 우리 모두가 숭고한 나눔을 실천할 수 있을 것이다.

숭고한 나눔을 받는 사람들은 얼마나 감사해야 할까에

숭고한 나눔에 대하여, 염승헌 중3

대해 너무 생각하지 않는 것이 좋을 것이다. 그런 생각은 받는 사람에게도 나눔을 주는 사람에게도 멍에를 씌우는 일이 될 것이다. 탈무드에 "어떤 사람에게 돈을 빌려주었는데 그가 진짜로 돈을 갚을 수 없음을 알았다면 그의 집 근처에도 가면 안 된다."라는 말이 있듯이. 또한 베풂을 받는 사람들은 그 베풂을 갚아야 한다는 부담감을 가질 필요는 없다. 대신 그들은 베풂을 받고 삶이 넉넉해지면 자신보다 더 가난한 사람들에게 숭고한 베풂을 실천해야 할 것이다. 이렇게 숭고한 나눔은 순환될 것이다.

숭고한 나눔에 대하여, 염승헌 중3

인식의 시간

우리 세상의 비밀

　　현재 우리가 살고 있는 세상은 '이성적, 합리적 세상'으로 이루어져 있다. 이것은 대부분의 사람이 추구하는 세상으로 법률, 도덕, 규칙이 기본이 된 정해져 있는 틀 속의 세상이다. '이성적 합리적인 세상' 속에서 모두는 한 가지 목표를 향해 같은 삶을 살아간다. 그것은 '성공'을 향한다.

　　하지만 이 세상 속에서 성공한 사람들은 대체로 자유롭지 못한 삶을 살아온 것과 같다. 그렇기 때문에 이 정해진 틀 속 세상을 비판하고 뛰어넘는 것이 바로 '자유의지적 삶'이다. 이 자유의지적 삶은 자유로움이 넘쳐나는 세상으로 주로 상상, 공상, 의욕이 다스리게 된다. 또한, 이익과 성공을 추구하지 않는 세상이기도 하다. 이 자유의지적인 삶 속에는 우리들의 자유로운 목표가 있다. 그 목표를 이루기 위한 행동들로 가득한 것이 '개별의지'이다.

　　이것은 '이성적, 합리적인 세상'에 얽매이지 않는 개인의 노력으로 이루어져 있다. 하지만 과연 우리 사회에서 개별의지가 잘 사용되고 있을까? 나는 그렇지 않다고 생각한다. 우리 사회는 아직 개인의 이익을 위한 성공을 우선하며 나가고 있다. 어린 학생 때부터 자신의 자유를 향해 나아가기 어려운 방식이 요구되는 교육을 받고 있다.

창조적 삶의 힘, 개별의지에 대하여, 왕가현 중1

이러한 교육은 우리가 지금 살고 있는 삶이 세상의 전부라고 인식하게 할 것이다. 더불어 나도 아직 분명한 개별의지와 자유의지적 꿈을 가지고 있지 않다. 그렇기 때문에 앞으로 내 의지로 다양한 것을 해보고 배우며 자유로운 삶을 창조해 나갈 것이다.

마지막으로, 우리는 진정한 자유를 찾기 위해 싸워나가며 개별의지적 삶을 위해 노력하는 존재가 되어야 할 것이다.

창조적 삶의 힘, 개별의지에 대하여, 왕가현 중1

성찰의 시간

세상을 향기롭게 하는 방법

배려와 자비란 다른 사람을 존중하고 용서하고 그들을 사랑하는 것이다. 우리가 살아가는 동안 배려와 자비는 꼭 필요한 것이다. 내가 먼저 다른 사람들에게 배려와 자비를 베풀면 그것이 단 한 번이라고 해도 은혜를 갚듯이 다시 나에게로 좋게 돌아올 것이다. 우리가 이것을 실행한다면 우리는 향기로운 사람이 될 수 있고 향을 담은 종이에서 향냄새가 나는 것처럼 다른 사람들도 나로 인해 향기로운 사람으로 만들 수 있을 것이다.

게으르고 먹고 마시고 놀기만 하는 삶을 사는 것은 배려하지 않는 삶을 사는 것과 같다. 그러한 유혹에서부터 벗어나고 의롭게 사는 것이 바로 배려하는 삶을 사는 것과도 같은 것이다. 단순히 자신의 몸과 마음을 살찌우는 삶은 배려하는 삶이 아니다. 결국 나 자신부터 진실한 말과 바른 행동, 지혜로써 사람들을 대하기 시작하고, 나 자신을 낮추어 다른 사람을 대할 수 있는 사람이 '배려와 자비'로써 다른 사람도 잘 가르칠 수 있는 것이다. 결국 신체적으로만 편안한 삶보다는 깨끗한 정신으로 살 줄 아는 것이 자비를 받는 길이 될 것이다.

우리는 다른 사람이 나와 같은 생각이기를 바란다. 내 이야기에 귀를 기울여 주고 동의해 주길 원한다. 하지만 배려하는 삶은 그런 것을 바라지 않는다. 남을 자기 마음대로 하려 하지

배려와 자비에 대하여, 왕가현 초6

않는 것이 곧 배려의 시작이다. 우리 모두는 다른 생각을 가지고 있다는 것을 인식하고 또 받아들일 수 있는 마음가짐을 가져야 한다. 그것을 가지게 된다면 우리는 이제 배려와 자비를 베풀고. 깨끗한 마음으로 살아갈 줄 아는 사람이 될 것이다.

배려와 자비에 대하여, 왕가현 초6

인식의 시간

여유로움의 세 가지 조건

우리는 삶의 여유로움과 한가로움 그리고 나태함을 어떻게 분배해야 할까?

우선 여유로움이란 해야 할 일을 시간 내 전부 다 마쳤을 때 느끼는 것이고, 한가로움이란 해야 할 일을 줄여서 다 했을 때 느낄 수 있는 것이며, 나태함은 해야 할 일을 하지 않는 것이다. 하지만 아무리 노력한다 해도 우리는 매일 여유로움을 느낄 수는 없는데 이 편안한 마음을 한가로움, 나태함과 적절히 분배할 방법은 없을까?

우선 키르케고르의 〈디아프살마타〉에 의하면 여유로움은 세 가지 조건이 있다. 불이 났을 때 가장 먼저 챙겨 나와야 하는 게 무엇인지조차 모를 만큼 바쁘면 우리는 여유로울 수 없다. 하지만 실제로 불이 나서 어릿광대가 대피하려고 하는데도 웃어넘기는 관객처럼 나태해서는 안 된다. 그리고 늘 곁에서 웃어 줄 수 있는 자가 필요하다고 소원을 말하자 "하하하" 하고 웃어주는 신들처럼 즐거움이 있어야 한다. 이 세 가지 조건이 성립한다면 여유로울 수 있는데 어째서 우리는 매번 여유로울 수 없을까? 그리고 이에 대한 해결책은 없을까?

자신이 원하는 삶을 살지 못하는 까닭은 대부분 나태함이거나 자신이 원하는 삶이 무엇인지 잘 알지 못하기 때문이다.

여유로움에 대하여, 왕휘래 중3

인식의 시간

    우리는 인간의 행복을 안락함으로 흔히 인식해왔고, 이와 함께 나태함은 마약과 같아 이에서 빠져나오기 어렵다. 그러나 우리는 이 모든 것이 자신의 의지로 많은 부분 극복 가능하다는 것을 모르고 있다. 이것을 아는 것이 원하는 삶을 살기 위한 방법이다.

    이처럼 여유로움을 느끼려면 그것을 위한 세 가지 조건을 성립시키려 노력하고, 나태함이 자신을 끌어들여도 자신의 의지로 해결한 낼 수 있다는 점을 인지하면서 그것으로부터 빠져나오려 노력하는 방법밖에 없다고 생각한다. 또한 해야 할 일이 너무 많다면 한가로움도 때때로 필요하다는 것도 알아야 할 것이다. 이는 우리는 해야 할 일이 때로는 적당량보다 너무 많아지기 때문이다.

    이처럼, 우리는 삶에서 여유로움을 위해 노력하고, 한가로움을 때때로 이용하고 나태함에서 능숙히 빠져나오는 법을 익혀야 할 것이다.

여유로움에 대하여, 왕휘래 중3

지혜의 정원

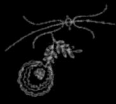

4장 겸손과 지혜에 대하여

여유롭기 위한 방법 / 오해, 거짓 그리고 진실의 세상 / 우리 주변의 중요한 것들 / 행복의 조건 / 인식의 세 단계 그리고 도약 / 평등을 위한 자장 스님의 깨달음 / 나는 내가 궁금해서 / 따뜻한 세상 / 좋은 사람이 되기 위한 조건 / 그것이 중요한 이유 / 평등이 어려운 이유 네 가지 / 숭고한 나눔의 필요성과 중요성 / 소극적 자유와 적극적 자유의 필요성 / 진정한 부에 대하여 / 배려와 희생의 방해꾼 / 변신의 이유 / 나의 목표와 공동체의 목표 / 삶의 목적과 행복 / 진정한 행복 / 일과 개별의지 / 평등을 이루는 방법 / 몰락의 이유 / 좋은 사람이 되기 위한 방법, 특별한 비커 / 먼저 하는 배려

Athena, Wisdom

여유롭기 위한 방법

　　　　여유로움이란 무엇일까? 나는 여유로움이란 할 일이 많아도 편안히 처리하는 것으로 생각한다. 그렇다면 여유로움과 반대되는 나태함은 무엇일까? 나는 나태함이란 할 일이 있는데도 편안히 지내는 것으로 생각한다. 그러면 분명히 이 두 단어의 차이점과 공통점이 있을 것이다. 그럼 차이점부터 생각해 보자. 내가 생각하기에는 여유로움과 나태함에는 다음과 같은 차이점이 있다고 생각한다. 첫 번째, 여유로움은 할 일이 많아도 계획을 세우고 편안한 마음으로 하나하나 해나가는 것이다. 반대로 나태함은 할 일이 있든 말든 편하게 쉬는 것이다. 두 번째, 여유로움은 계획을 미리 세워 놓은 것이기 때문에 쉽게 빠져나올 수 있지만, 나태함은 한번 시작하면 빠져나오기 매우 어렵다.

　　　　여유로움과 나태함에 대하여 키르케고르는 이렇게 예를 들었다. 첫 번째, 너무 바쁘게 생활하여 진짜 가장 중요한 순간에 필요 없는 것을 하려고 하지 말라는 것이다. 두 번째, 너무 여유로우면 곧 나태해진다는 것이다. 세 번째, 항상 주변에 웃는 사람을 두어 즐겁게 생활하라는 것이다. 이 글에서 여유로움과 나태함의 정의를 어느 정도 짐작할 수 있다.

　　　　여유롭기 위해서는 마음속 깊은 곳의 나태함을 먼저 물리쳐야 한다. 그러고 나서 '여유롭기'를 시작해야 한다. 여유롭기

여유로움과 나태함에 대하여, 유승현 초5

위해서는 키르케고르 말처럼 너무 바쁘게 생활하지 않고, 또 너무 여유를 부리지 않으며, 항상 주변에 웃는 사람을 두어 즐거워야 한다. 나는 여유롭게 생활하기 위해서 이를 지켜나갈 것이다.

여유로움과 나태함에 대하여, 유승현 초5

성찰의 시간

오해, 거짓 그리고 진실의 세상

이 세상에는 진실도 있지만 오해가 더 많다고 생각한다. 왜냐하면, 사람들과의 오해도 있지만, 사실 자신이 스스로 알고 있다는 것들 중에서도 오해가 많다.

한글을 쓰고 읽을 수 있다 해서 한글에 대한 모든 것을 아는 것은 아니다. 아마도 대부분의 한글을 안다고 하는 사람도 한글이 어디에서 만들어졌는지 누가 만들었는지, 세종대왕이 만들었으면, 그 사람이 어떤 사람인지 다 아는 사람은 별로 없을 것이다. 그러므로 우리는 인류가 생기면서 멸망하기까지 이렇게 항상 오해 속에서 사는 것이다.

하지만 오해가 있다는 것은, 빛이 있으면 어둠이 있는 것처럼, 진실도 있기 마련이다. 진실 중 하나는 진정한 친구가 다른 친구에게 진실을 이야기하는 것처럼 마음을 담은 이야기이다. 그 밖에도 우리 주변에는 여러 가지 진실들이 있을 것이다.

오해는 거짓과는 다른 것이다. 이는 정말 다른 의미를 가지고 있다. 오해는 어떤 사람 A가 또 다른 사람 B에게 진실대로 말하여도 B가 잘못 이해하는 것이고, 거짓은 이와 달리 A가 B에게 처음부터 틀린 말을 하는 것이다. 이렇게 우리는 그것이 오해인지 거짓인지도 구분해야 한다.

사람들은 그것이 뭐가 됐든, 비록 여러 가지를 말하지

진실과 오해에 대하여, 유지호 초6

않아도 무엇이든 잘 안다고 생각한다. 하지만 우리는 진실과 오해의 세상에서 산다는 것을 명심하고, 겸손하게 진실을 찾으며 살아가야 할 것이다.

우리 주변의 중요한 것들

나에게 중요한 것은 가족, 학교, 선생님, 동물 등, 셀 수도 없이 많을 것이다. 아마 다른 사람에게도 많을 것이다. 사람에겐 중요한 것이 있기 마련이다. 누군가에게 중요한 것이 하나라도 있다면 그 뜻은 의지할 것이 있다는 것이다. 중요한 것은 자신이 믿기에 중요한 것이 될 수 있을 것이기 때문이다. 물론 중요한 것 중에는 자신의 꿈에 관한 것도 있을 것이다.

나는 파충류 전문가가 되고 싶기 때문에 나에게는 동물이 중요하다. 그리고 나는 가족으로부터 도움을 받고 가족과 함께 살아왔기 때문에 가족도 중요할 것이다. 이렇듯 누군가에게 중요한 것은 그 이유가 있기 마련이다.

나에게 중요한 것을 더 생각해 보면 가족, 관계, 친구, 정직, 동물이다. 왜냐하면 친구는 사회성과 관계 등을 위해 필요하다. 가족은 내가 어릴 때부터 클 때까지 필요하고, 그 속에서 많은 감정을 배우고 나눈다. 동물은 나의 꿈을 위해 필요하다. 다른 사람들에게도 중요한 것은 비슷할 것이다. 가족, 사회, 감정, 직업과 관련된 것이겠다. 책 [어린 왕자]에서 보면 아이들에게 중요한 것은 일 그 자체와 친구라고 하고, 어른들에게 중요한 것은 겉모습과 숫자, 돈이라고 한다. 이렇듯 중요한 것은 나이에 따라 다르기도 하다.

우리에게 중요한 것들에 대하여, 유지호 초6

배움의 시간

　내가 가장 중요하게 생각하는 것을 두 개만 선택한다면 가족과 동물에 대한 사랑이다. 오늘 학교에 갔는데 삐쩍 마른 고양이가 있었는데 닭고기 꼬치를 사 주었다. 이렇듯 중요한 것은 우리 주변에 항상 있다.

우리에게 중요한 것들에 대하여, 유지호 초6

행복의 조건

우리는 지금 이웃에게 아무것도 바라지 않고 베풀고 있는가? 우리는 베풀 때 후회를 하거나 제한을 두고 있는지 생각해 봐야 할 필요가 있다. 좋은 사회를 만들기 위해서는 아무것도 바라지 않는 베풂이 중요하다. 이런 베풂은 모두에게 행복을 가져다준다. 베풂을 나누는 사람은 그에 대한 뿌듯함에 행복해지고 받은 사람도 받은 베풂을 성공의 원동력 삼아 더욱 열심히 살 것이다. 그러면 이 받은 사람은 자신보다 못한 사람에게 또 다른 베풂을 나눌 것이다. 이렇게 돌고 돈다면 모두가 바라는 세상이 우리를 기다리고 있지 않을까?

부는 우리 삶에서 큰 비중을 차지한다. 그렇다면 왜 부는 우리 삶에서 중요한 역할을 할까? 먼저 부는 각자 삶의 성공을 드러내는 수단이다. 부는 우리 의식주를 해결해 주고 행복에 한 발짝 다가가게 해주는 역할을 한다. 또한, 부가 있어야 여유 있는 베풂도 할 수 있다. 그러므로 부는 다른 사람을 행복하게 하는 역할도 한다. 그렇다고 떳떳하지 않은 방법으로 부를 취한다면 그것은 행복은커녕 불행을 가져다줄 것이다. 우리는 부의 성취를 엄격하게 절제할 줄 알아야 한다고 생각한다.

이렇게 해서 나는 아무것도 바라지 않는 베풂이 중요하고, 우리가 부의 소유를 엄격히 제한할 줄 알아야 한다고 생각한

숭고한 나눔에 대하여, 유채민 중2

다. 이런 삶을 실천한다면 모두에게 행복이 올 수 있다고 생각한다. 우리 모두의 행복을 위해 숭고한 나눔이 무엇인지 생각해 봐야 할 것이다.

숭고한 나눔에 대하여, 유채민 중2

인식의 세 단계 그리고 도약

　　　　니체의 주장에 따르면 인식의 아래의 세 단계로 발전해 나간다. 굴종하는 낙타의 단계, 자유로우나 이를 새로운 가치 창조를 위한 행동에 옮기지는 못하는 사자의 단계, 신성하며 행동 가능한 어린아이의 단계가 그것이다. 낙타는 반항하지 못하며 그저 묵묵히 무거운 짐을 진다. 그러므로 자유롭지 못하며 아직 '자아'가 탄생되지 않은 단계이다. 인간으로 치자면 아직 '나는 누구인가'라는 질문에 대한 답, '자아 정체성'을 찾지 못한 상태로 그저 부모님, 선생님의 말을 따를 뿐이다.

　　　　이러한 낙타의 단계를 벗어나려면 무거운 짐을 지고 사막을 건너야 한다. 그러면 다음 단계인 초원이 나오는데, 그곳에 다다르기 위해선 황금 비늘로 싸인 '용(龍)'(황금비늘 용: 현실 세계에서의 당위적 세계, 즉, 이타적 그리고 도덕적이며 이상적인 상식의 세계를 지키는 동물)에게 자신이 사자가 되어야 할 이유를 입증해야 한다. 그렇게 자신이 사자가 되어야 할 이유를 입증해내면 드디어 다음 단계인 사자의 단계에 도달하게 된다. 하지만 사자는 자유로우나 새로운 가치를 창조하지는 못한다. 마치 사춘기, 질풍노도의 시기가 한창인 청소년들처럼 말이다. 사춘기의 청소년들은 '나는 누구인가'라는 질문에 대한 대답으로 '자아'를 깨달아 무조건 복종하지 않으며 자신만의 척도를 기준으로 반항하기도 한다. 그러나 타당한 이유 없는 감정적으로 무

인식의 세 단계에 대하여, 윤재욱 중1

조건적인 반항이기도 하다. 그 때문에 사물의 원리를 인식하는 원리 인식이 가능하기는 하지만 아직 미숙해 진리를 인식하지 못하며 새로운 가치도 창조하지 못한다.

시대에 맞는 원리 인식, 즉 자기 세대의 새로운 가치를 창조하는 것은 마지막 단계인 '어린아이'의 정신에 다다르면 가능해진다. 가치를 창조한다는 것은 자신만의 세계를 가진다는 것이기도 하다. 그 때문에 미숙한 전 단계에서는 거의 불가능하며 젊음을 지나 30~40대에서만 비로소 인식 가능하다고 한다.

이러한 세 단계에 따른 인식의 변화가 필요한 이유는 아무런 노력도 하지 않는다면 우리 인식의 단계가 3단계가 아닌 1, 2단계에서 끝나버릴 수 있기 때문이다. 1, 2단계에서 머물 때의 문제점을 2차 세계대전 때의 핵폭탄 개발을 예로써 설명하면, 2단계 정신에 도달해 '핵폭탄'이라는 신무기를 개발한 후에 '어린아이의 정신 단계'를 밟지 못했기 때문에 '리틀 보이'와 '팻 맨', 두 개의 원자탄이 투하되어 수많은 인명 피해를 낸 일이다. 만일 지금까지 인간이 핵 물질에 대해 제3단계 정신에 도달하지 못했더라면 핵전쟁으로 인해 인류는 벌써 멸망하였을지도 모른다. 그러므로 우리의 정신이 1, 2단계에 머무르지 않고 3단계로 도약하는 것은 우리 자신들뿐만 아니라 타인들, 즉 인류 전체를 위해서라도 필수적인 일이라 할 수 있을 것이다.

인식의 세 단계에 대하여, 윤재욱 중1

성찰의 시간

평등을 위한 자장 스님의 깨달음

자장 스님은 많은 사람들에게 존경을 받았음에도 불구하고 세상을 평등하게 바라보지 않았기에 문수보살이 여러 모습으로 자장 스님에게 다가가 광명을 전하고자 했지만, 그는 문수보살을 인식하지 못했다.

자장 스님이 돌로 조성한 문수보살 석상 앞에서 7일 동안 기도하였더니 문수보살이 그의 꿈에 나타나 게송을 일러주었고 그 후 어떤 스님의 모습으로 나타나 그 게송을 풀이해 주셨다. 이 게송 속에는 자장 스님이 문수보살을 알아보지 못한 이유를 찾을 수 있다. 게송의 풀이는 다음과 같다.

> "모든 것에는 자기 본성이 없음을 알라.
> 이 원리를 알면 진리를 볼 것이다."

자장 스님은 이 원리를 깨닫지 못하였기에 문수보살이 스님, 용왕, 그리고 늙은 거사의 모습으로 그에게 다가가도 알아채지 못하였던 것이다. 심지어 '대송정'에서 문수보살이 자장 스님에게 태백산의 칡 얽힌 곳에서 다시 만나자고 미리 이야기해 주었음에도 불구하고 거지 모습을 한 문수보살이 그곳으로 그를 찾아왔을 때, 또 한 번 문수보살을 알아보지 못하고 무시하였다.

평등한 세상을 위하여, 이윤서 고3

성찰의 시간

　　삼국유사에 나오는 이 자장 스님과 문수보살의 이야기를 통해 알 수 있는 것은 사람들 사이에 위계를 나누면 안 되며, 모두를 평등하게 대우할 때, 비로소 평등한 세상에 이를 수 있다는 진리이다.

평등한 세상을 위하여, 이윤서 고3

배움의 시간

나는 내가 궁금해서

궁금
나는 내가 궁금해서
내 그림자에 숨어
나를 따라다녔다.

우인 관계
한없이 투정을 부리고
짜증을 내지만
가장 나답게 웃고 있었다.

적대 관계
갈등을 만들고 싶지 않아
이해하는 척
괜찮은 척
억지로 웃음을 띠었다.

시선
길거리 노점상은 지나칠 수 없었지만
불의(不義) 앞에선 지나치고 있었다.

나의 발견에 대하여, 이윤서 고3

배움의 시간

기억의 망각
망각을 통해 나는
나를 무너뜨리곤 했지만
어느새 나를 유지하고 있었다.

악수
새로운 관계에 있어 나는
먼저 손을 내밀었고 활짝 웃었다.

책과 필적
책장에 꽂힌 책들
노트에 적힌 필적은
나를 대신하고 있다.

나는 내가 궁금해서
나의 그림자에 숨어
나를 따라다녔다.

어쩌면 나는
이미 나를 알고 있었다.

나의 발견에 대하여, 이윤서 고3

따뜻한 세상

　　우리는 배려와 희생을 실천해야 한다. 배려란 상대방을 존중하는 것이고 희생이란 자신의 것을 포기하는 것이다. 이러한 배려와 희생을 우리는 항상 우리 삶에서 실천해야 한다. 사소한 것 하나하나부터 나 자신보다는 남을 더 생각할 줄 아는 사람이 돼야 한다.

　　그러나 우리 사회에서는 소수의 사람만 배려와 희생을 실천할 뿐 대부분의 사람은 외면하는 것 같다. 예를 들어 버스에서도 노약자에게 자리 양보를 하지 않거나, 남을 생각하지 않고 자신만의 이익을 위해서만 사는 등, 희생은 물론 배려조차도 하려 하지 않는다.

　　그런데 왜 사람들은 배려와 희생을 실천하지 않고, 이기적으로 될까? 나는 "타인보다 자신이 중요하여 자신이 손해 보는 것을 원치 않아서"라고 생각한다. 왜냐하면 요즘 자기 자신도 신경 쓰기 어려운 데, 다른 사람까지 배려하고 나를 희생하면서까지 남을 도울 필요가 없다고 느끼는 사람이 많기 때문이다.

　　이렇게 이기적인 대부분의 사람처럼 나 또한 배려와 희생을 꾸준히 실천하고 있지는 않은 것 같다. 가끔 학교 친구들에게 배려 없이 말을 한다든가, 어렵거나 몸이 불편한 친구를 도와주지 않는다든가, 나도 다른 사람들과 별다른 바 없이, 이기적인

배려와 희생에 대하여, 이정인 중1

삶을 살아가고 있지 않은지 돌아보게 된다.

　　　사람들을 만나고 소통하는 사회에서 배려와 희생이 없다면 서로 감정도 상하고 싸움이 잦아질 수 있다. 그래서 우리는 작고 사소하더라도 배려와 희생을 하루에 한 번이라도 꾸준히 실천해야 한다. 이처럼 우리는 모두, 자신을 생각하는 것도 중요하지만 나보다 남을 먼저 생각하는 마음부터 시작해야 할 것이다.

　　　우리는 배려와 희생과 함께 존중, 타협, 협력 등 여러 가지 도덕적 마음을 쌓고 타인과 함께 행복하게 살아갈 줄 아는 사람이 되어야겠다. 지금처럼 이기적인 사회가 아닌 배려와 희생이 가득한 따뜻한 세상이 되었으면 좋겠다.

배려와 희생에 대하여, 이정인 중1

좋은 사람이 되기 위한 조건

　　　좋은 사람이 되기 위한 조건에 대하여 카프카는 '변신'이라는 소설에서 주인공 그레고르가 인간답지 않은 생각을 하여서 벌레로 변하는 이야기를 담고 있다. 변신에 나타난 벌레가 된 이유는 다음과 같다. 첫 번째, 소통의 부재, 우리는 사람과 사람 사이의 소통이 필요하다. 두 번째, 억압된 생활, 우리 인간은 자유로워야 한다. 세 번째, 따분한 생활, 기계적 생활이다. 인간은 따분하고 기계적인 생활이 아닌 즐겁게 생활하여야 한다.

　　　카프카의 두 번째 이야기 '어느 개의 고백'에서 좋은 사람이 되기 위한 조건은 첫 번째 선한 사람이 되기 위해 노력해야 한다는 것이다. 꿈만 가질 뿐 노력하지 않으면 꿈을 이룰 수 없기 때문이다. 두 번째는 새로운 것을 받아들여야 한다는 것이고 세 번째는 인간 (선, 정의, 도덕을 위해 노력)으로부터 벗어나지 말아야 한다는 것, 그리고 마지막 네 번째는 사람들과 평등하게 그들을 존중하면서 살아야 한다는 것이다. 인간은 차별하는 마음과 생각과 고정 관념을 버리고 모든 사람을 평등하게 대해야 한다.

　　　이 두 가지 소설에서 말하는 좋은 사람이 되기 위한 조건에 대하여 나도 동의한다. 내가 생각하는 좋은 사람이 되기 위한 조건은 첫 번째, 가정이 행복해야 한다고 생각한다. 아무리 밖에서 성공하여도 가족과 사이가 좋지 않거나 가정이 행복하지 않으면 좋은 사람이 될 수 없다.

　　두 번째, 사람을 대하는 마음가짐이 가식이 아닌 진심이어야 한다. 만약 사람을 대하는 마음이 가식이라면 겉으로는 좋은 사람이 될 수 있지만, 속으로는 정말 나쁜 사람이나 다름없다고 생각한다.

　　세 번째, 화를 다스릴 줄 알아야 한다, 사람이 화를 다스리지 못한다면 겉으로 계속 짜증만 내면서 속은 따뜻하더라도 다른 사람에게는 좋지 않은 사람으로 인식될 수 있다. 좋은 사람이 되는 것은 어렵지만 이 많은 조건 중 한 가지라도 지키려 노력하는 사람이 좋은 사람일 것이라는 생각이 든다.

인간의 조건에 대하여, 이정인 초6

그것이 중요한 이유

우리에게 중요한 것은 가족이다. 부모님은 우리를 낳아 주고, 키워 주고, 입혀 주니 중요하다. 또 우리는 친구(벗)도 중요하다. 친구가 없으면 같이 노는 재미도 없고, 같이 수업하는 재미도 없을 것이다. 나는 공기도 중요하다고 생각한다. 공기가 없으면 우리는 숨을 쉬지 못할 테니 말이다. 나는 맛도 중요하게 생각한다. 만약 맛이 없으면 우리는 무슨 재미로 음식을 먹겠는가? 또 맛이 없으면 다양한 재료들도 쓸모가 없어질 것이다. 우리는 말(언어)도 중요하게 생각한다. 우리가 다른 동물처럼 언어 없이 살아갔으면 얼마나 불편했을까? 이 중에서 나는 사랑을 가장 중요하게 생각한다. 만약 우리가 서로를 사랑한다면 저절로 남을 돕고 싶은 마음이 들어 배려가 생길 것이고 또 거짓말을 안 하게 되어 정직 등 좋은 여러 가지가 생길 것이기 때문이다.

나에게 가장 중요한 것은 첫째 가족, 둘째 꿈, 셋째 공기이다. 앞에서 기술한 바와 같이 가족은 내가 이곳에 있을 수 있는 이유이고, 나를 누구보다 사랑하기 때문이다. 이렇게 가족은 나를 입혀주고 재워주고 키워주었으니까. 또한 가족은 나에게 큰 희망이 되고 나의 꿈이 이루어질 수 있도록 도와준다. 또한 꿈은 우리에게 목표를 주고, 그것을 이루기 위해 노력할수록 우리의 지식도 그만큼 커질 것이기 때문에 나에게 소중하다. 마지막으로 공기가 없으면 우리는 숨을 쉴 수 없을 것이고 그러면 우리는

우리에게 중요한 것들에 대하여, 이학준 초6

모두 죽게 될 것이다.

      이렇게 우리에게 가장 중요한 것은 가족, 꿈, 공기라고 생각한다.

, 우리에게 중요한 것들에 대하여, 이학준 초6

평등이 어려운 이유 네 가지

지금 우리 사회에는 평등하지 않고, 당장 평등해지기도 어려울 것이다.

왜냐하면, 첫 번째로 사람은 다른 사람을 힘, 부, 권력으로만 평가하기 때문이다. 삼국유사에서 자장 스님은 자기가 잘났다고 생각해서 문수보살을 쫓아냈다. 자장 스님은 "우리는 누구나 선한 부처이고 그래서 평등하다"라는 것을 몰라서 그런 것 같다.

두 번째, 자신이 뛰어나 보이면 어리석고 평등을 까먹게 된다. 힘, 부, 권력이 생기면 다른 사람이 자신을 따라야 한다고 생각하게 된다. 그렇게 되면 다른 사람은 자신이 꾸민 연극 속 퍼펫 인형 처럼 밖에 안 보인다. 강자가 되려는 욕망을 평등이 이긴 적이 거의 없다.

세 번째는 사람이 공동의 이익을 크게 생각하지 않기 때문이다. 다른 사람이랑 자기랑 연결되지 않는다 생각해서 그런 것 같다. 그 욕심 때문에 협의를 해도 배신을 하고 자기보다 수입이 많으면 질투하고 미워하기도 한다. 사람들이 "공동의 이익이 자신이 이익이랑 연결되어 있다"라는 것을 안다면 더욱 평등한 세상이 될 것 같다.

마지막으로는 인간의 욕심은 끝이 없다. 가지면 더 가지

평등한 세상을 위하여, 이현서 초5

고 싶은 것이 인간의 본성이다. 대신 오히려 아무것도 없는 사람은 자기가 가진 것을 나눈다.

생각해 보니 슬프다. 사람들이 다 배려하고 나누었으면 좋겠다. 우리는 모두 꿈을 평등으로 해서 욕심과 맞서 싸워야 한다. 파이팅!

평등한 세상을 위하여, 이현서 초5

숭고한 나눔의 필요성과 중요성

베풂은 네 가지가 있다. 첫 번째는 가진 것은 많으나 조금만 베푸는 것이다. 이 베풂의 예는 자기만 생각하는 부자가 잘 보이기 위해 베푸는 것과 같다. 두 번째는 가진 것은 적으나 모두 베푸는 것이다. 이 베풂의 예는 착하고 올바르게 산 사람들이 돈이 없어도 베푸는 것과 같다. 세 번째 베풂은 기쁨이나 고통으로 베푸는 것이다. 기쁨으로 베푸는 것은 두 번째 베풂과 같고 고통으로 베푸는 것은 첫 번째 베풂과 같다. 마지막 네 번째 베풂은 아무것도 바라지 않고 베푸는 것이다. 이와 같은 베풂의 예는 자녀들이 잘되기만을 바라는 부모와 같고 산속 상록수가 향기를 내뿜듯이 베푸는 것과 같다.

숭고한 나눔은 베풂의 네 번째와 비슷하다. 바라는 것 없이 베푸는 것이다. 그런데 누가 자기에게 나누어줬다 해도 다시 그 사람에게 돌려줄 필요는 없다. 대신 자기보다 못한 다른 사람이 도움이 필요할 때 그에게 베푸는 것이 좋다. 그리고 자신이 베풀 때, 다른 사람의 마음이 상처받지 않기를 주의해야 한다. 세상에서 가장 기쁠 때는 자신의 것을 나눌 때이기 때문이다.

숭고한 나눔에 대하여, 이현서 초4

소극적 자유와 적극적 자유의 필요성

　　소극적 자유는 하인이다. 심부름을 하고 싶지는 않은데 하인 상태를 벗어나고 싶지도 않다. 소극적 자유는 남이 시켜서 하는 것이다. 적극적 자유는 두려워하지 않고 자신의 세계로 들어가서 자신이 리더가 되는 것이다. 이렇게 적극적 자유는 자기가 마음대로 하는 것이다.

　　처음에 나는 지혜의정원에 다니기 싫었는데 엄마가 다니라고 해서 다녔다. 엄마가 시켜서 다니니 소극적 자유이다. 그런데 이제는 재미있어서 다니니 소극적 자유가 적극적 자유가 되었다. 엄마가 수학 문제집 풀라고 시켜서 억지로 푼 것은 소극적 자유이다. 그런데 엄마가 영어책 읽지 말라고 해도, 내가 원해서 읽었을 때, 그것은 적극적 자유이다.

　　앞으로 나는 적극적 자유와 소극적 자유를 둘 다 선택할 것이다. 왜냐하면 적극적 자유와 소극적 자유가 각각 필요할 때가 다르기 때문이다. 사람은 삶에서 적극적 자유와 소극적 자유가 둘 다 모두 꼭 필요하다고 생각한다.

소극적 자유와 적극적 자유에 대하여, 이현서 초4

진정한 부에 대하여

숭고한 나눔이란 무엇일까? 단순히 자신이 가진 것을 나누어 주는 것, 명예를 위해서 나누는 것, 자신의 부에 걸맞게 기부함으로써 나누는 것, 나는 모두 아니라고 본다. 나는 숭고한 나눔이 자기가 가진 모든 것을 대가를 바라지 않고 베푸는 것이 진짜라고 생각한다.

처음부터 생각해보면 베풂의 종류는 칼릴 지브란의 예언자를 통해서 알아볼 수 있다. 우리 사회에는 총 네 가지의 베풂이 존재하는데, 그 네 가지 중 우리가 본받아야 할 베풂은 바로 네 번째인 '베풀되 고통도 모르며 기쁨도 찾지 않으며 덕을 행한다는 생각도 없이 나누는 베풂'이다. 다시 말해서 '바라지 않는 베풂'을 해야 한다는 것이다. 이렇게 바라지 않고 베푼다면 우리는 자연스레 숭고한 나눔이라는 최종 목적지에 대해서 느낌이 올 것이다. 또한 우리가 베풂을 받았다면 그것을 다시 갚는 것보다는 그 베풂을 갖고 성공하여 똑같이 남에게 베푸는 것이 진정한 숭고한 나눔에 어울린다고 생각할 수 있다.

하지만 부가 전혀 없는 상태에서 숭고한 나눔을 하는 것은 어렵다. 부가 없는 상황에서 "이렇게 도와주면 언젠가 좋은 일이 있겠지"라는 생각을 하며 지내다가는 결국 남는 게 없어서 생활이 힘들어질 수밖에 없다. 그렇다고 부를 넘치도록 가지고

숭고한 나눔에 대하여, 이혜민 중2

있다가 나눔도 하지 않고 혼자 잘 살겠다는 생각만을 가지고 사는 것은 앞의 '부가 없어도 베푸는 사람'만도 못하다고 생각한다.

그래서 우리는 진정한 부의 정의를 이렇게 내려야 한다. 부란 재화를 이용해 기본적 의식주를 해결하고 남는 재화를 나누고 부족한 사람을 돕는 것이다. 오직 사치와 향락을 위해서 가지고 있는 부는 쓸모없는 금속과 종이 뭉치와 같음을 우리는 확실히 알아야 한다. 그러므로 나는 숭고한 나눔에는 부가 필요하지만, 그 부를 잘못 사용하는 것은 오히려 가만히 있는 것보다도 못함을 동의한다.

나는 숭고한 나눔에 대해서 '바라지 않는 베풂'이라는 수식어가 가장 잘 맞으며 우리는 이것을 확실히 인식해야 한다고 생각한다. 모두가 부를 올바르게 사용하며 우리 사회가 서로 돕고 사는 '윈-윈' 운동이 일어났으면 좋겠다. 또한 이 숭고한 나눔과 뜻을 정확히 알고 기억함과 동시에 베풂을 받았을 때, 그 보답을 또 다른 타인에게 베풀어야겠다는 생각이 들었다.

숭고한 나눔에 대하여, 이혜민 중2

배려와 희생의 방해꾼

'배려'란 남을 도와주거나 양보하는 것이다. '희생'은 배려와 비슷한 의미를 가지고 있지만 실행에 옮기게 더 힘든 것이라고 생각한다. 우리 사회에서 배려를 하는 것은 사람이 걷는 것만큼 쉬운 일이다. 그런데 용기가 그 쉬운 일을 못 하게 막는다. 대다수는 용기가 없어서 배려를 하지 못한다. 물론 가족을 위한 희생은 예외적이다. 가족을 위한 희생은 누구든 하는 사람이 많기 때문이다. 이제 배려와 희생 없는 자신들의 이익만을 추구하는 시대가 오고 있다.

부처님이 게송으로 말씀하셨다. "이때 어떤 인연을 만나느냐에 따라서 죄지을 일을 하고, 복 받을 일을 하게 된다. 내가 전생에 그의 배려를 받아 그의 채찍이 내 몸에 닿지 않았기 때문에 그 은혜로 지금 내가 몸소 그의 몸을 씻겨 주는 것이다."라고 말씀하신 부분이 있었다. 이 문장이 의미하는 것은 배려와 희생이다.

사람들은 모두 자신이 좋은 사람이 되는 것을 목표로 한다. 그런데 현대사회에서는 안타깝게도 배려와 희생에 익숙하지 않다. 심지어는 자신이 가족들을 위한 배려와 희생을 하고 있음에도 그것을 배려와 희생이라고 느끼지 못한다. 이 점에 대해서 현대 사회를 배려와 희생의 마음으로 가득한 사회로 바꿀 필요

배려와 희생에 대하여, 인혜주 중2

인식의 시간

가 있다.

　　나는 배려를 하고 싶은 마음으로 가득 차 있다. 그런데 첫 번째 방해꾼은 '용기' 두 번째 방해꾼은 '남의 시선'이다. 내가 배려를 하였을 때 주변 사람들은 좋은 아이라는 인식이 가지지만 실제로 좋은 아이라고 인식을 주는 나는 정작 부끄러움과 창피함을 느낀다. 원래 배려는 당연한 것이지만 그런 행동을 눈에 띄게 하는 사람은 보기가 어렵다. 우리 사회에서는 눈에 보이지 않는 배려가 쉽게 보여주기 어려운 것이라는 인식을 바꿔야 한다고 생각한다.

　　희생은 배려와는 차원이 다르고 우리 사회에서 보기 더욱더 어렵다. 둘은 비슷한 뜻을 가지고 있는데도 실행에 옮기기에는 많이 다르다. 사회에서는 이토록 보기 힘들지만 지금 내가 살기 위해서 먹고 숨을 쉬고 성장하기 위해 공부하는 것도 자신과 타인을 위한 나름의 희생이다. 사람들은 약간의 배려는 가능하나 희생은 어렵게 생각한다. 우리 모두, 희생이 필요한 사람들을 보면 "다른 누군가가 해주겠지"라고 생각하기 때문이다. 이런 소극적 고정관념을 없애야 한다. 그리고 그 사람들 또한 반드시 자신과 타인을 위한 희생을 이미 조금씩 하고 있다는 걸 알아야 한다.

배려와 희생에 대하여, 인혜주 중2

인식의 시간

나는 자신을 위해 모든 노력을 다하고 배려하며 희생을 하지만, 그것만으로는 부족하다는 생각이 든다. 내게 가장 소중한 것은 '나'이겠지만 다른 사람들도 결국 나와 같은 생각을 하고 있을 것이다. '나'만을 위해 배려하는 특권 의식보다 남을 위해 배려하고 희생하는 것이 더욱 보람차고 의미 있는 것이라고 생각하고 싶다. 희생까지 힘들면 우선은 배려하는 삶을 사는 것도 좋을 것이라 생각한다.

배려와 희생에 대하여, 인혜주 중2

성찰의 시간

변신의 이유

그레고르가 침대 속에서
벌레로 변신했다.
'무슨 일일까?' 생각하였지만
꿈은 아니었다.

생각해보니 그의 생활은
식사가 불규칙하고
대하는 사람이 항상 바뀌며
인간관계가 지속적이지 않았다.

그는 현재의 일을 원하지 않았지만
억지로 다녀야 했고
이는 부모의 빚을 갚기 위해
어쩔 수 없었다.

결국, 그는 변신을 하고 말았다.
그의 가족들도 모두 그를 걱정했다.
회사에서 찾아오니
어머니는 "틀림없이 몸이 편치 않아요."라 변명했다.

인간의 조건에 대하여, 인혜주 중1

성찰의 시간

하지만 그는
몸이 편치 않은 것이 아니라
자신의 삶이 벌레의 삶과
다를 바 없어 변신한 것이다.

소통을 하지 않아 대화가 필요하고
매일 억압된 생활과 자유롭지 못한 생활
따분한 생활과 기계적이고 반복되는 삶 때문에
인간의 삶처럼 살지 못하고 '변신'을 하였다.

소통을 자주 하고 자유로우며 매일을 즐겁게 생활하고
소통을 자주 하고 자유로워서 '인간의 조건' 충족시킬 때
좋은 사람 선한 사람 되기 위해서 노력하는 모습 보이고
새로운 것 받아들이면 우리는 다시 인간이 된다.

진정한 '인간의 삶' 벗어나지 않으며
사람들을 평등하게 존중한다면
비로소 인간의 삶 다시 보인다.
인간의 조건이 다시 보인다.

인간의 조건에 대하여, 인혜주 중1

성찰의 시간

아무리 부자이고 높은 사람도
그것으로 행복할 수 없으며
언제나 선한 사람이라면
행복하게 살 수 있음을 이제 알겠다.

변신의 이유
인간의 조건 망각을 하고
좋은 사람 되기 위한 노력 않은 것
우리 모두 언제든 벌레로 변신한다.

인간의 조건에 대하여, 인혜주 중1

성찰의 시간

나의 목표와 공동체의 목표

나의 삶의 목표는 최고의 축구 선수에게 최고의 축구화를 신게 해주는 것이고, 내가 가지고 있는 축구화에 대한 관심과 축구화를 신고 느끼는 기분을 다른 사람에게도 느끼게 해주고 싶다. 이는 큰 목표이고 작은 목표는 일단 영어와 독일어부터 열심히 공부하고 그림도 열심히 공부한 뒤 독일로 유학을 가서 '아디다스'에 들어가 신발을 디자인하는 것이 목표이다.

나의 좀 더 작은 목표는 오늘 하루하루를 열심히 사는 것이다. 자신과 관계있는 모든 공동체에 모두 의미가 있기는 매우 힘든 일일 것이다. 국가와 같은 큰 공동체에는 그 의미가 크진 않겠지만 자신이 속해 있는 작은 공동체에서 의미 있는 사람이 되려고 노력하다 보면 어느새 큰 공동체에 의미 있는 사람이 되어 있을 것이다.

우리는 자신만을 위한 목적도 중요하지만, 공동체를 위한 목적도 하나씩은 가지고 있는 것이 좋을 것 같다. 자신만 잘살면 될 것이라는 생각을 하는데 우리는 어쩔 수 없이 공동체 속에서 살고 있기 때문에 사람들 모두가 자신만 잘살려고 한다면 우리 사회는 혼란에 빠질 것이다. 자신이 직접 희생을 하거나 직업을 통해 사회에 봉사는 하지 않아도, 자신만의 작은 삶의 목적을 가지고 늘 자신이 사회를 위해 할 수 있는 일이 무엇인지 생각하

목적과 자격에 대하여, 임신호 중2

성찰의 시간

고 또 실천하려고 노력해야 할 것이다.

목적과 자격에 대하여, 임신호 중2

삶의 목적과 행복

사람들은 살면서 한 번쯤은 자신이 사는 삶의 목적에 대해 생각하지만, 그것이 무엇인지 명확하게 설명하기는 어려울 것이다. 삶의 목적은 매우 많은 종류가 있다. 행복한 것, 사랑하는 것, 자유로운 것, 즐거운 것, 돈이 많은 것, 명예가 있는 것, 꿈을 이루는 것 등이다. 자기 삶의 목적이 뚜렷할수록 자신이 원하는 삶을 살 수 있고 조금 더 나은 삶을 살 수 있을 것이며, 그 목적에 근접한 삶을 살 수도 있을 것이다.

대부분 사람에게 삶의 목적을 물어본다면 대부분 행복하게 살기 위해서라고 대답했던 것 같다. 나 또한 그렇게 대답했다. 나는 대부분 사람이 삶의 목적이 행복이라고 하는 것에 대해 공감한다. 일단, 행복이라는 단어는 함축적으로 많은 뜻을 담고 있다. 돈이 많아서 행복할 수는 있지만, 돈이 많다고 꼭 행복하지는 않다. 그리고 즐겁고 재미가 있으면 행복할 확률은 높지만, 마냥 즐겁고 재미있기만 하다면 그것 또한 행복하다고 말할 수 없다. 그리고 자신이 어떤 꿈을 이루었다고 하면 잠시 행복할 수 있지만, 그 꿈이 바뀌거나 새로운 꿈이 생기면 다시 행복하지 않은 상태로 돌아가게 된다.

위에서 말한 사랑, 자유, 돈, 명예, 진리, 꿈은 어떻게 보면 다 행복의 일부분일 수 있고, 행복을 위해 사람들이 얻으려고

삶의 목적에 대하여, 임신호 중2

노력하는 것이라고 생각한다. 여러 가지 종류의 행복 중에서 어떤 종류의 행복을 선택하며 어떤 방법으로 행복을 찾고 또 어떻게 활용할지는 각자 자신이 판단해야 하는 몫이라고 생각한다.

현재 나의 장래 희망은 게임 그래픽 디자이너이다. 왜냐하면, 이 일을 하면 나는 행복을 느낄 수 있을 것 같고 지금도 행복을 느끼는 일 중에 그림, 게임, 축구 등이 있기 때문이다. 이 행복과 꿈은 바뀔 수 있다. 하지만 현재 이것들을 통해 행복을 느끼고 있기 때문에 이것을 이루기 위해 노력할 것이며, 이를 이룬 뒤에도 부, 자유, 사랑, 재미, 꿈 같은 세부적인 행복의 요소도 잃어버리지 않도록 계속 노력할 것이다.

삶의 목적에 대하여, 임신호 중2

진정한 행복

'성공을 위한 길'은 사는데 곤란함이 없고 걸림돌이 없으며. 근심이 없는 것이라고 생각한다. 만약 곤란함이 있으면 성공한 삶이라고 느끼지 못할 것이고, 머릿속에 생각이 많을 것이며, 힘든 일이 많이 찾아와 행복을 방해할 것이기 때문이다.

'진리를 향한 길'은 곤란함은 있지만 사치스러운 마음 없음으로써 남을 위해 베풀면서 사는 것이라고 생각한다.

'진리를 위한 삶'은 덕을 베풀면서도 대가를 바라지 않고 정직하게 사는 것이다. '성공을 위한 삶'이 자기 자신에게만 투자하고 있을 때, '진리를 위한 삶'은 남을 배려하고 남을 위해 희생하고 베풀기 때문이다.

어떤 사람들은 근심 없는 성공을 위한 길을 택하고 또 어떤 사람들은 '근심은 있지만 정직하게 살 수 있는' 진리를 위한 길을 택할 것이다. 그것은 자유이다. 그러나 나는 곤란함이 있을 수 있고 근심이 있을 수 있지만, 남을 위해 사는 '진리를 향한 길'을 선택할 것이다. 왜냐하면 진리를 향해 살게 된다면 저절로 덕을 베풀게 되며 뿌듯함이라는 것을 즉, 사치를 부릴 때 느끼는 거짓된 행복이 아닌 진정한 행복을 느낄 수 있을 것이기 때문이다.

이처럼 진정한 행복은 성공을 위한 길을 걷고 있는 사람들의 단순한 부가 가져다주는 '보잘것없는 것'이 아닌, 진리를

성공의 길, 진리의 길에 대하여, 임태욱 초6

향한 길을 추구하는 사람들이 남을 위해 희생할 때 생기는 '소중하고 고귀한 것'이라고 나는 생각한다.

성공의 길, 진리의 길에 대하여, 임태욱 초6

일과 개별의지

'개별의지'란 무엇일까? '개별의지'를 알려면 먼저 '이성적 합리적 세상'과 '자유의지'에 대해 알아야 한다. '이성적 합리적 세상'이란 흔히 사회가 추구하는 성공을 위한 세상이다. 그런데 사회가 추구하는 모습대로 성공하는 것은 진정한 행복 측면에서 별 의미가 없다. 그 이유는 자유롭지 못하기 때문이다. 이 문제 때문에 생겨난 것이 자유의지적 삶이다. 우리 사회가 일반적으로 추구하는 정해진 삶을 벗어나 자신이 원하는 삶을 사는 것이 자유주의적 삶이라 할 수 있다.

그런데 자유의지적 삶이 범위가 너무 넓어지는 것은 안 된다. 어느 정도 이성적 합리적 세상에 포함되는 범위가 있어야 한다. 예를 하나 들어 보자. 어렸을 때부터 작가가 꿈이었던 A 씨는 '작가'라는 꿈을 이루기 위해 책도 많이 읽고 글도 꽤 써 왔다. 이것이 개별의지이다. 자신의 자유의지적 삶을 이루기 위해 각각 다른 노력을 하는 것이다. 그래서 그가 책을 출간하게 되었다. 만약 그 책이 성공한다면, 그는 자유의지적 삶을 살아도 좋은 것이다.

그렇다면 왜 처음부터 자유의적 삶을 사는 것은 좋지 않은 것일까? 그 이유는 안정성을 잃어버릴 수 있기 때문이다. 만약 A 씨가 처음부터 책을 썼다 하더라도 그것은 성공한다는 보장이 없다. 그가 크게 실패하는 상황이 있을 수도 있다. 이렇게 되면 더욱더 자유의지가 손상될 수도 있다.

우리 삶에선 개별의지가 존중받고 잘 활용되고 있을까? "우리는 자신의 자유의지적 삶에 대한 노력이 조금 무시 받고 있다"라고 말하더라도 과언은 아닐 것이다. 사실 나는 꿈이 환경보호 운동가이다. 그 꿈을 위해 자연의 관련된 책도 읽고 봉사활동도 다녀야 하는데 실제로 그러지 못해서 아쉽고 속상하다.

자신의 자유의지적 삶에 대한 개별의지가 갖는 효과는 무엇일까? 개별의지는 거의 한 분야의 자신만의 전문 지식을 쌓는 것이다. 혹시 아직 자유의지적 삶을 살지 못했더라도 오랫동안 자유의지적 삶을 살기 위해 노력했다면 어느 정도 한 분야의 전문가가 된 것과 다름없다. 이런 이유로, 나도 자유주의적 삶을 위해 노력해 갈 것이다.

창조적 삶의 힘, 개별의지에 대하여, 장한나 초6

평등을 이루는 방법

지금 우리 사회는 평등할까? 현재 우리 사회는 평등하지 않다. 우리는 노력하지만, 독재나 권력을 휘두르는 사람이 그 길을 방해한다.

먼저 삼국유사 〈자장스님 이야기〉의 교훈은 "올바른 지식이 없으면 평등할 수 없다."라는 것이다. 그래서 모두가 올바른 지식을 가지려 노력해야 한다. 그러니까 올바른 지식으로 공평한 사회를 만들어야 한다. 예를 들어 권력자 없이 투표로 나라의 중요한 결정을 내린다. 그리고 소수의 의견도 존중한다. 그러면 조금씩 조금씩이라도 평등해질 것이다.

그러나 '평등을 잃기 가장 쉬운 때 그리고 위태로운 때는 우리 지식과 철학이 완성되어 가는 때이다."라는 말이 있다. 이렇게 지금 당장 평등해지는 것은 어렵기 때문에 더욱 좋은 방법을 생각해야 한다. 나는 현재 모든 것이 완성되어 가는 때에 빨리 평등을 이루어야 할 것 같다. 지식이 완벽해지면 평등하기 더 어려울 것이다. 왜냐하면 권력이 있는 사람의 힘은 더욱 강해질 것이기 때문이다. 그러니깐 완전하지 않아도 하루빨리 평등해져야 나중에 큰 고통을 없앨 수 있다.

평등의 방법은 생각 속에서 다양하지만 그래도 할 수 있는 것들을 사람들이 실천해야 비로소 가능하다. 이때, 권력을 휘

평등한 세상을 위하여, 전성오 초5

두르는 사람이 우리의 희망을 파괴할지도 모른다. 그러니, 지금 그들의 권력이 너무 강해지기 전에 최대한 빨리, 평등을 이루기 위한 노력을 해야 한다. 그래야 우리 모두 완전하지는 않지만, 평등을 통해 모두 평화롭게 공존할 수 있을 것이다.

평등한 세상을 위하여, 전성오 초5

몰락의 이유

어떤 왕이 특별한 사람들만 총애해서 그들은 세금도 안 내고 숙식을 무료로 이용했다. 노예 'P'가 화가 났다. 그래서 P는 귀족 친구를 이용해, 왕을 몰아내려고 음모를 꾸몄다. 귀족 친구는 'B'였다. 왕을 몰아내려는 속셈을 알아챈 왕을 귀족 'B'를 노예로 낮추고 오히려 'P'를 귀족으로 만들었다. 'P'와 모의한 것을 몰랐던 것이다. 왕은 모든 것을 올바로 파악했어야 했는데, 그렇게 하지 못했다.

'B'는 화가 나서 왕을 멸망시키려고 'G'에게 갔다. 'G'와 동맹을 맺고 무한 돌을 찾으러 다녔다. 그러다, 대한민국에서 단서를 발견한다. 그리고 선생님에게서 마인드 스톤을 가져갔다. 'B'는 기회를 보고 있었다.

그때, 'P'는 돈을 흥청망청 쓰며 왕에게 유별난 총애를 받았다. 그런데 1년 후 왕이 'P'에게 말했다. 이제 "네가 쓴 돈을 지불하라." 'P'는 "저 돈 안 내도 되는 거 아니었습니까?"라고 물었다. 그러자. 왕이 대답했다. "너는 단지 신하잖아!" 왕은 'P'를 부당하게 대우해서 그를 화나게 했다.

'P'는 화가 나서 'B'에게 다시 연락을 하고 왕을 몰아내는 작전을 함께 공모했다. 이처럼 왕이 올바르지 못하고 또 어리석었다.

올바름과 어리석음에 대하여, 정시우 초5

인식의 시간

　　결국, 'B'는 'P'와 함께 알코올에 취해 있던 왕을 쓰러뜨리고 왕위에 올랐다. 왕은 두 번이나 올바르지 않은 행동과 어리석은 행동을 하고, 결국 몰락하고 말았다.

올바름과 어리석음에 대하여, 정시우 초5

성찰의 시간

좋은 사람이 되기 위한 방법, 특별한 비커

지금으로부터 900년 후, C-972라는 연구원이 있었다. 이 연구원은 매우 애지중지하는 비커가 있었다. C-972는 이 비커를 3살 때부터 가지고 다녔다. 그는 어릴 때부터 실험을 좋아해서 과학 공상 소설을 즐겨 읽었다.

어느 날 C-972는 무생물을 살아나게 하는 실험을 하다 잠이 들었다.

"하암~ 졸려라."

그 밤 동안 애지중지하는 비커에 카프카의 영혼이 들어왔다. 다음 날 아침,

"C-972야, 얼른 일어나!"

"음? 누구…" 카프카와 C-972가 말했다.

"나는 카프카, 아니 너의 비커야." 비커가 말했다. C-972는 놀라면서 일어났다.

"어! 진짜 내 비커네!" C-972는 말했다.

"내 부탁 하나만 들어줄 수 있어?" 비커가 말했다.

"물론이지. 뭔데?" C-972가 말했다.

"좋은 사람이 되기 위한 방법을 찾는 거야." 비커가 말했다.

인간의 조건에 대하여, 정시우 초4

성찰의 시간

"그래."

"일단 무조건 나오긴 했는데, 어떻게 찾지?" C-972가 말했다.

"네가 생각하는 방법을 실천하는 사람 근처에 비커, 아니 나를 갖다 대면 빛이 뿜어지면서, 비커, 아니 내가 점점 채워질 거야." 비커가 말했다.

"오케이, 그런데 너, 아까부터 좀 이상하다 …" C-972가 말했다.

"렛츠고!"

"왠지 이 초등학교에 방법이 많을 것 같아." C-972가 말했다.

학생 1 "친구야, 이것 좀 알려 줘"

학생 2 "그래, 이건 이렇게, 저건 요렇게 하는 거야."

학생 1 "고마워. 그리고 넌 참 착한 것 같아."

학생 2 "ㅎㅎ"

"두 개나 찾았다. 지혜와 친절" C-972는 말했다.

갑자기 초록색 빛이 나오며 1리터까지 있는 비커의 200ml까지 빛으로 빛났다. "와! 신기해. 다른 반에도 가 봐야지!"

인간의 조건에 대하여, 정시우 초4

성찰의 시간

"여긴 과학실이네 ~ 아이들이 실험을 하고 있어."

학생 1, 2 "아, 이 실험은 왜 이렇게 오래 걸리는 거야~"

선생님 " 우린 2블록이 끝날 때까지 이 실험만 할 거야."

학생 1, 2, 3 "안돼 ~! 하, 지루해."

학생 4 "괜찮아 얘들아, 15분밖에 안 남았어!"

학생 2 " 15분이나!"

학생 1, 2, 3 "하아 ~."

"오~ 두 개 더! 인내심과 긍정적인 생각!" 초록색 빛이 비커의 400ml 눈금에 다다랐다.

"벌써 4개나 찾았네!" 6개만 더 찾아 줘." 비커가 말했다.

"오케이!"

'곧 있으면 다시 저승으로 가야 되는데 …" 비커, 아니 카프카가 생각했다.

" 이 공원에도 분명히 있을 거야. 천천히 둘러보자."

"흠 ~"

인간의 조건에 대하여, 정시우 초4

성찰의 시간

아이 1 " (깜짝 놀라게 하려고) 워이 ~"

아이 2 "깜짝이야"

아이 1 "뭐 해?"

아이 2 " …"

아이 1 " 야!"

아이 2 "왜?"

아이 1 "그냥, 너무 책에만 집중하길래."

아이 2 " 하긴 그런 소리 많이 듣지."

"오 ~ 어린아이가 그렇게 책에 집중을!"

초록빛이 500ml로 올라왔다.

"어! 아무 말도 안 했는데 빛이 …" C-972가 말했다.

"그냥 말하는 도중에 말이 튀어나왔어. 집중~" 비커가 말했다.

"여기에 또 있네!" 비커가 말했다.

"어디?"

인간의 조건에 대하여, 정시우 초4

소녀 1 "같이 놀자!"

소년 1 "웬일로 수줍 소녀가 말을 걸어?"

소녀 1 "놀고 싶어서."

소년 2, 3 "그래!"

"이게? 어떻게 이게 좋은 사람이 되는 방법이지?" C-972가 말했다.

"일단, 용기 그리고 '수줍 소녀'라고 했는데 먼저 말을 걸었잖아. 그리고 남녀 차별하지 않기. 흔쾌히 같이 놀잖아." 비커가 말했다.

"와 진짜 두 개나 있네!"

"더 있어."

"더?!"

"마지막으로 놀기야. 노는 것이 가장 힘든 공부라고 하잖아."

"우와, 상황이 짧은 데도 방법이 3개나 있네!" c-972가 말했다.

비커 안에 초록빛이 800으로 올라왔다.

"와 ~ 다들 좋은 사람이 되기 위해서 열심히 노력하고 있는 거네~"

인간의 조건에 대하여, 정시우 초4

"비슷하지 뭐." 비커의 빛이 900ml로 올라왔다.

"와! 하나만 더 찾으면 된다. 그런데 내가 무엇을 말했는데 800에서 900으로 올라왔지?" c-972가 말했다.

"열심히 노력하는 것."

"그렇구나."

"오늘은 늦었으니 자고 내일 다시 찾자" 비커가 말했다.

"오케이"

C-972는 오늘 참 많은 것을 배웠다고 생각하며 잠들었다. 그동안 카프카의 영혼은 편지와 책 한 권을 두고 저승으로 올라갔다.

다음 날 아침,

"비커야 어디 있니? 어, 이건 뭐지?"

그는 다음과 같은 편지를 발견했다.

C-972에게.

C-972야, 나는 비커가 아닌 나는 카프카의 영혼이 들어 온 너의

비커다. 난 지금 저승에 있다. 요즘 사람들이 너무 딱딱하게 굴어서 저승에서 하루 동안 인간 세상에 갈 수 있도록 휴가를 받았다. 마침 나를 도와줄 만한 사람(C-972)을 찾았고 너의 물건 중 하나에 들어가 연기를 했다. 비록 너는 10개를 다 채우지 못했어도 참 잘했다. 나는 네가 좋은 사람이 되기 위한 방법을 모든 사람에게 알렸으면 한다. 그러니, 할 수 있다면, 옆의 책을 다시 출판해 주길 바란다. 안녕 ~

- 너의 친구 카프카 -

먼저 하는 배려

배려란 자기 생각만이 아닌 다른 사람 생각도 한다는 것이다. 탈무드 '나무의 열매'나 '장님이 초롱'처럼 배려하는 것을 많이 해야 한다. '나무의 열매'는 자기만의 생각이 아닌 다른 사람도 생각하자는 이야기이다. 그리고 무조건 나도 그래야 한다고 생각하지 말고 질투를 하지 말고 배려를 하면 더 좋다. 그리고 '장님의 초롱'은 자기만이 아니라, 남과 자기를 동시에 배려하자는 이야기이다. 그러니깐 '장님의 초롱'은 자기 생각도 물론 해야 하지만 남도 생각해야 한다는 것이다.

배려는 그냥 하늘에서 뚝 떨어지지 않기 때문에 자기가 실천하는 모습을 보여야 한다. 그리고 배려랑 관련 있는 것은 루소의 평등 이야기다. 사람은 평등하게 태어났으나 사회생활을 하면서 어떤 사람들은 배려받지 못하는 불평등한 삶에 묶여 있다. 맨날 큰 목적을 정하고 사회에서 자랑스러운 사람으로 살기 위해서만 노력하다 보면 자기도 남을 배려하지 않는 불평등한 사람이 되어 버린다.

그래서 사회를 발전시키고 위대한 사람이 되고 싶은 사람들은 우선 배려심 있는 평등한 세상을 먼저 만들지 않으면 모두 잘 살기가 어렵다. 그리고 주변 사람들이 배려를 하지 않는다면 자기부터 먼저 배려를 하는 것도 나쁘지 않다.

배려에 대하여, 정지원 초4

지혜의정원

5장 이해와 사랑에 대하여

배려의 세 가지 특징 / 나의 참모습 / 적극적 자유의 필요성 / 삶의 목적과 자유 / 후회 /좋은 사람이 되기 위한 방법 / 여유로움, 한가로움과 나태함의 균형 / 좋은 사람이 되기 위한 방법 / 키르케고르와 함께 / 좀 더 일반적인 인간 / 나의 본성에 대하여 / 진실의 좋은 점 / 데미안의 냉철함 / 우리의 숭고한 나눔 / 내가 공부하는 이유 / 편견의 극복 / '나비'와 '행복한 왕자'에서 보여주는 진리의 길 / 성공의 열쇠 / 평등의 이유와 조건 / 여유로움과 즐거움

Athena, Wisdom

배려의 세 가지 특징

배려란 어떻게 해야 하는 것일까? 배려의 특징 첫 번째는 '이해'이다. 왜냐하면 배려하는 것은 다른 사람의 마음을 이해해야만 배려를 할 수 있는 것 같고 탈무드 '장님의 초롱' 이야기에서 눈이 안 먼 사람들한테 안 부딪치기 위해 사람들의 마음을 완전히 이해한 장님처럼 사람들을 이해해야 하는 것 같다.

그리고 배려의 특징 두 번째는 '도움'이다. 왜냐하면 배려란 사람들에게 도움도 되어야 하기 때문이다. 도움이란 배려와 비슷한 효과를 이루고 있다. 예를 들면 사람들한테 좋은 일을 하는 것도 있고 사람들을 편하게 하는 그런 뜻도 있다. 탈무드 '나무의 열매' 이야기도 자신이 죽어도 그 나무가 자기 아들한테도 도움이 될 수도 있고 또 다른 사람들한테도 도움이 될 수 있음을 말하고 있다.

마지막으로 배려의 특징 세 번째는 '양보'이다. 왜냐면 배려란 다른 사람에 대한 양보를 기본으로 하기 때문이다. 이처럼 나는 배려의 조건은 이해, 도움, 양보라고 생각한다.

그리고 루소는 물질과 정신은 함께 영원히 존재하는 원리라고 하였으며, 사람은 배려와 같은 도덕적 선을 타고났다고 하고 있다. 즉 우리 마음은 '배려'와 같은 우정과 조화가 지배하고 있다고 설명하고 이 자연 상태를 지킬 것을 주장했다.

배려에 대하여, 정찬민 초4

인식의 시간

나의 참 모습

　참과 진리는 둘 다 '옳다'라는 기본 전제를 가지고 있는 '맞다'라는 표현을 가진 단어이다. 그런데 우리 삶에서 참과 진리라는 것은 무엇일까?

　맨 처음으로 사전적인 참과 진리의 정의를 살펴보겠다. '참'은 사실이나 이치에 조금도 어긋남이 없는 것, 이치나 논리에서 진릿값의 하나, 어떤 명제가 진리인 것을 이른다. '진리'는 참된 이치 또는 참된 도리, 명제가 사실에 정확히 들어맞음 또는 논리 법칙에 모순되지 아니하는 바른 판단을 의미한다.

　이 말은 결국 절대적으로 옳은 것은 참이고 명제 자체가 옳은 것을 말한다. 반면, 진리는 참된 이치이다. 사고의 법칙만 맞는다면 사고는 개인마다 다르며 또한 정당할 수 있다. 개인마다 사고 법칙을 통과하기만 하면 그것은 진리가 될 수 있다. 그렇지만 진리가 모두 참이 될 수는 없다. 참은 매우 긴 시간 동안 많은 진리들이 하나가 되어서 참이 되었기 때문에, 단기간에 하나의 진리로 참을 만들 수는 없다.

　예를 든다면 '나는 세상에 누구보다 잘생겼다'라고 자기 자신이 생각하면 이것은 자신만의 진리다. 다른 사람들도 자신을 기준으로 다른 진리들이 있기 때문에, 자기만의 생각을 참이라고 말할 수는 없는 법이다. 이렇게 보면 참은 진리보다 더 확실

참과 진리에 대하여, 정현우 초6

한 것으로 보인다.

      그렇다면 '나'는 진짜 '참'인 것일까? 나의 가장 안쪽에 있는 모습은 '참'일지도 모른다. 하지만 찾기 불가능한 '참'을 찾기보다는 내 밖으로 나타나고 보이는 것들, 작은 진리를 모으다 보다 그것이 '참'이 될 것이다. 나의 바깥 됨됨이는 모두 진리이고 참이며, 어쩌면 그것이 나의 진짜 모습이다.

참과 진리에 대하여, 정현우 초6

성찰의 시간

적극적 자유의 필요성

나의 꿈은 식물 관련 판매자이다. 나는 지금도 내 꿈에 만족하고 있다. 만약 미래에 내가 꿈을 이루어 식물 판매자가 된다면 상품이 잘 팔릴 때는 계속 열심히 일을 하겠지만 물건이 잘 안 팔릴 때는 편안히 자유로움을 느낄 것이다. 하지만 이것은 소극적 자유이다. 만약 휴식만을 원한다면 차라리 그 일을 그만두는 것이 나을 것이다. 반대로 물건이 너무 안 팔리고 있을 때도 열심히 물건을 팔기 위하여 노력하여 대량 주문이 들어오도록 노력하는 것이 적극적 자유일 것이다.

적극적 자유는 '해서 자유롭다' 같이 무언가를 해서 얻는 자유이다. 반대로 소극적 자유는 '하지 않아서 자유롭다' 처럼 무언가를 안 해도 된다는 것에서 느끼는 자유이다. 언뜻 봐도 적극적 자유가 더 좋다는 것은 누구나 알 수 있을 것이다. 하지만 우리가 대부분 느끼는 자유는 소극적 자유이며 소극적 자유 역시 무시할 수는 없다. 소극적 자유는 편안함을 주기 때문이다. 그러나 너무 심하면 나태해질 수 있다.

반대로 적극적 자유는 도전, 인내, 모험 등 많은 것들을 느낄 수 있지만, 너무 도전적인 행동만을 유발할 수 있음으로 소극적 자유와 적극적 자유의 조화를 잘 맞춰야 할 것이다.

소극적 자유와 적극적 자유에 대하여, 정현우 초5

삶의 목적과 자유

삶의 목적은 매우 다양하다. 예를 들면 자유, 즐거움, 부, 사랑과 같은 것이 있다. 사람은 다 각각 다른 삶의 목적을 가지고 있다. 시대에 따라 삶의 목적이 바뀌기도 하는데 기성세대는 물질적 풍요로움을 삶의 목적으로 삼았고, 현재 우리는 자유롭고 창조적인 삶을 통한 '여유롭고 부드러운 미소를 띤 풍요로움'을 삶의 목적으로 삼는다. 나 또한 기성세대는 아니기 때문에 부와 재물과 같은 물질적 풍요를 추구하지는 않는다. 따라서 내 삶의 목적은 창조적인 삶과 관련된 '자유'라고 생각한다.

내 삶의 목적이 '자유'인 이유는 여러 가지가 있다. 첫 번째 이유는 자유가 나의 직업을 위한 꿈과 가치를 위한 꿈, 모두를 발전 시켜 주기 때문이다. 나는 두 가지 꿈을 가지고 있다. 첫 번째 꿈은 자동차 엔지니어이고 두 번째 꿈은 유튜버이다. 또 나는 단순한 직업을 위한 꿈에서 벗어나, 가치를 위한 꿈, '사람들에게 미래를 제공하는 꿈'과 '사람들에게 재미를 부여하는 꿈'이 있다. 만약 나의 삶의 목적이 자유가 아니라면 이와 같은 꿈은 생각하기가 어려웠을 것이다. 그뿐만 아니라 자유라는 목적이 없었다면 뛰어난 아이디어와 상상력이 필요한 두 직업에서 남들이 말하는 지식의 틀에 박혀, 억압당하고 말 것이다.

두 번째 이유는 자유가 남들과는 다르게 생활할 수 있게 도와주기 때문이다. 만약 자유가 나의 목적이 아니면, 매일 매일 빠르게 변화하는 세상 속에서 힘들게 살아갈 것이다. 또한, 고단한 나의 정신 상태를 보지 못하고 힘든 세상 속에서 살아남으려고 행동하여, 나의 진정한 모습과 행복은 영영 없어질 것이다. 자유는 이러한 상황에서 나를 도와 때때로 지친 몸과 마음을 쉬게 도와줄 것이고, 평소에 생활하는 삶 자체를 남들과는 다르도록 도와줄 것이다.

    세 번째 이유는 자유가 삶의 목적이자 희망이 될 수 있기 때문이다. 자유는 내가 살아 기는 삶의 원동력이 될 수 있도록 나를 도와줄 것이다. 또한, 지금까지의 사고방식과 행동에서의 자유뿐만 아니라, 고된 업무나 일이 끝난 뒤에 느낄 수 있는 새로운 감정과 시간과 같은 자유를 느끼기 위해, 나는 때때로 힘든 일이 있을 때도 버텨낼 것이다.

    앞에서 기술한 바와 같이 내 삶의 목적 '자유'는 나에게 실질적으로도 도움이 많이 될 것이다. 이렇게 자유는 직업을 위한 꿈과 가치를 위한 꿈, 모두를 발전 시켜 줄 것이고, 남들과 다르게 생활할 수 있도록 도와줄 것이며, 삶의 목적이나 희망이 되어 나를 끝까지 도와줄 것이다.

삶의 목적에 대하여, 정호준 중3

후회

껌새가 이상했다. 요즘 들어 'B'가 수상하다. 아마도 내가 요즘 특별 우유들만 아끼다 보니 질투하는 것 같다. 그리고 'B'는 'P'라는 하층민 백성과도 함께 말을 자주 한다. 그래서 나는 화가 나서 아무 이유 없이 B를 노예로 낮추고 P는 귀족으로 올렸다.

그러자 B는 어디론가 떠나가고 귀족이 된 P는 "쓰고 먹고 놀고 자고"를 반복했다. "내가 어리석었다." 하지만 나에게는 P가 마음대로 돈을 쓰지 못하게 하는 방법이 있었다. P는 특별 우유가 아니다. 그래서 세금을 내야 한다. 그런데 P는 돈을 흥청망청 쓰고 있으니, 내가 그것을 한 번에 갚게 할 거다. "올바른 길로 가야 할 것 같다."는 생각이 들었지만, 그냥 지나쳤다.

사실은 B가 걱정되기도 한다. 어디로 간 건지 모르겠다. 설마, 나 때문에 상처받아서 떠난 건가? 그렇게 며칠 후, 뉴스에서 선생님과 B가 같이 사진 찍는 것을 보았다. 그때 나는 깨달았다. "아, 나에게 복수하러 오겠구나. 내가 괜한 짓을 했어." 너무 즉흥적으로 한 행동이 너무나도 후회스러웠다. 다음부터는 조심해야겠다.

나는 P에게 진심 반 농담 반으로, P는 특별한 우유가 아니니깐 이제 돈을 내라고 했다. P는 엄청 놀라며 '자기는 안 내도

올바름과 어리석음에 대하여, 조서진 초5

되는 거 아니었나'라고 물었다. 나는 좀 안쓰럽기도 하고 재미있기도 했다. 나중에 묶였다가 한 번에 내도록 해야겠다. P는 억울하겠다. "이는 올바르지 않다."라는 생각이 들었지만 무시했다.

그래서 그런지 요즘 악몽을 꾼다. 내가 B와 P를 못살게 굴어서인 것 같다. 아무래도 노예가 된 B를 다시 귀족으로 돌려놔야겠다. 올바르지 않은 행동을 하니 마음이 편치 않다.

그런데 지금 여기는 지하 감옥이다. 그렇다. 결국 B에게 복수를 당해 벌을 받았다. B는 황금 손과 무한 돌로 나를 감옥에 가두고 자기가 왕이 되었다. 후회를 무진장하고 있다. 역시 올바르게 살았어야 했는데 …

올바름과 어리석음에 대하여, 조서진 초5

성찰의 시간

좋은 사람이 되기 위한 방법

카프카는 좋은 사람이 되기 위한 방법으로 취미를 만들고 좋은 친구를 만들고 좋은 책을 많이 읽고 공부하고 거짓말하지 않고, 친구와 잘 지내고, 스트레스를 받지 않아야 한다고 말했다. 예를 들어 좋은 사람이 되기 위한 방법은 다음과 같다.

'어느 대통령의 변신'

어떤 대통령이 회의에 나오지 않았다. 그래서 내실로 국회의원이 찾아갔다. 하지만 대통령은 보이지 않았다. 그때, 내실에서 "꾸오옥"하는 소리가 들렸다. 국회의원이 "대통령님?!"이라고 물어보았다. 이 소리를 듣고 문을 열어 주었는데 국회의원은 깜짝 놀랐다. 왜냐하면 대통령이 원숭이로 변해있었기 때문이다. 대통령은 "내가 막 일어나려고 했는데 원숭이로 변해있어 어떻게 해야 하나 계속 궁리하고 시도해 보고 있는데 자네가 왔다네."라고 말했다.

그래서 국회의원은 "혹시 요즘 스트레스를 받으셨나요?"라고 물어봤다. 대통령은 "그렇다네. 요즘 나랏일이 범상치 않아서 말이야."라고 대답했다.

"혹시 취미라도…?"

인간의 조건에 대하여, 조서진 초4

"없다네."

그때, 국회의원은 카프카의 "변신"이라는 책을 떠올렸다. 국회의원은 카프카의 변신이라는 책을 보여주고 국회의원은 돌아갔다.

약 10분 후, 대통령은 제 모습을 찾아서 돌아왔다. 대통령은 취미도 많이 만들고 스트레스도 풀고 왔다고 했다. 그 뒤로 카프카의 소설 '변신'은 많은 사람에게 취미를 선물하고 친구도 많이 만들어 주었다.

사실 좋은 사람이 되기 위한 방법은 더 많이 있을 것이다. 그것을 스스로 찾고 실천하면 어느 순간, 자신은 좋은 사람이 될 자격을 가질 수 있는 날이 곧 올 것이다.

여유로움, 한가로움과 나태함의 균형

여유로움이란 할 일을 다 하고 쉬는 것이고 나태함이란 게으르고 할 일이 있는데 쉬는 것이다. 그런데 그 둘 사이의 개념이 있다. 바로 '한가로움'이다. 한가로움이란 할 일이 없어서 시간이 많은 것이다. 뭐, 쉽게 말하자면 할아버지 할머니들이 은퇴한 것과 같다.

키르케고르의 '디아프살마타'에 나오는 여유로움과 나태함에 대한 이야기는 아래와 같다. 우리는 이 내용만 보아도 여유로움과 나태함에 대한 교훈을 얻을 수 있다.

첫째, 너무 서두르지 말 것, 중요한 것을 잊어버린다.
둘째, 진실을 알려는 노력을 해야 한다.
셋째, 즐거운 사람과 즐거운 상황을 만들어야 한다. 즉 즐거운 마음을 가져야 한다.

우리는 여유로움과 나태함 그리고 한가로움을 잘 구분해서 행동해야 한다. 어쩌면 한순간에 나태해지거나 어리석어질 수 있기 때문이다. 하지만 무조건 여유롭거나 한가로워서도 안 된다. 세 가지가 균형을 이루어야 한다고 생각한다.

여유로움과 나태함에 대하여, 조서진 초4

나는 어떻게 하면 여유로워질 수 있을까? 무엇이든 성실하고 부지런하게 움직여야 한다. 그런데 나는 그게 잘 안 된다. 노력해야지 여유로워질 것이다. 그리고 이 세 가지 중에 하나라도 없으면 안 된다고 생각한다. 나태함을 극복하면 여유로워지고, 계속 여유로우면 또 한가해지기 때문이다. 나는 결국엔 나태함도 중요하다고 생각한다. 어떨 때면 우리는 나태함에서도 교훈을 얻을 수 있다. 예를 들어 나태하다가 엄마한테 혼나서 다음부터는 그러지 않겠다고 마음먹을 수 있기 때문이다.

한가로움에서도 교훈을 얻을 수 있다. 예를 들면 한가로울 때는 책을 읽거나 부족한 점을 채울 수 있을 것이다. 계속 읽다 보면, 독서는 마음의 양식이므로 어쩌면 한가로움이 여유로움으로 될 수 있을 것이다.

우린 여유로워야 하고 조금은 나태해도 되지만 만약 집에 불이 났을 때 쓸모없는 부젓가락을 들고나오지는 않아야 한다는 것을 잊지 말아야 할 것이다. 우리는 여유로움과 나태함을 잘 구분해야 하며 잘 써야 하고 또 잘 조합해야 한다. 하지만 되도록 우리는 언제나 여유로워야 한다.

여유로움과 나태함에 대하여, 조서진 초4

좋은 사람이 되기 위한 방법

카프카는 좋은 사람이 되기 위한 방법을 연구하는 사람이었다. 그리고 성현이는 나쁜 사람이 되기 위한 방법을 연구하는 사람이었다. 어느 날, 카프카가 좋은 사람이 되기 위해 산으로 힐링 여행을 갔다. 하지만 너무 힐링에 심취해서 길을 잃었다. 그래서 밤까지 돌아다니다가 어느 동굴을 발견했다. 그 동굴 앞엔 '조성현 박사 연구소'라고 쓰여 있었다. 그래서 카프카는 그 앞에 있는 초인종을 눌렀다. 하지만 동굴 안에는 인기척도 없었다. 카프카는 그 동굴 앞에 텐트를 치고 잤다.

다음 날, 카프카가 일어나보니 감옥이었다. 그 앞에는 조성현 박사가 있었다. 성현 박사의 손에는 '나쁜 사람이 되기 위한 방법'이라는 책이 있었다. 그리고 성현 박사는 카프카를 나쁜 박사로 만들려고 협박을 했다. 하지만 카프카는 17년 동안 그 협박을 견디며 좋은 사람이 되기 위해 그것을 참았다. 그런데도 성현 박사는 카프카를 계속 괴롭혔다. 하지만 카프카는 그 고통을 모두 참아냈다.

성현 박사는 이제 지쳤다는 듯, 카프카에게 관심을 두지 않고 자기 연구에만 집중했다. 그때, 카프카는 참지 못하겠다는 듯 성현 박사에게 시도 때도 없이 착한 사람이 되기 위한 방법을 말했다.

인간의 조건에 대하여, 조성현 초4

성찰의 시간

      좋은 친구 사귀기, 건강을 생각하기, 책을 많이 읽기, 거짓말하지 않기, 즐겁게 놀기 등, 착한 사람이 되기 위한 방법을 일주일 동안 계속 말했다. 그래서 성현 박사는 결국은 카프카에게 설득당해 나쁜 사람이 되기 위한 연구를 멈추고 착한 사람이 되기 위한 연구를 카프카와 함께 자기의 동굴에서 70년 동안 같이 수행했다. 결국, 이렇게 사람은 조금만 노력하면 착한 사람이 될 수 있다.

인간의 조건에 대하여, 조성현 초4

키르케고르와 함께

키르케고르가 길을 가고 있었다. 그런데 성현이가 학교에 빨리 가서 시험공부를 하려고 뛰어가고 있었다. 그래서 키르케고르가 성현이에게 말을 했다.

"성현아, 서두르지 마라. 왜냐하면, 너무 서두르면 중요한 것을 잊어버리기 때문이다."

시험을 보고 집에 가는데 성현이 손에 0점짜리 시험지가 있었다. 집에 갔는데 엄마가 없었다. 그래서 성현이는 급히 시험지를 고쳤다. 그런데 그때 엄마가 와서 저녁을 준비했다. 그런데 그 옆에서 키르케고르도 도와주고 있었다. 성현이는 밥을 먹고 방으로 들어가려는데 엄마가 시험지를 가지고 오라고 했다. 떨리는 마음으로 가지고 갔다. 엄마와 키르케고르는 시험지를 보고 엄마는 잘했다고 했고 키르케고르는 아무 말도 없었다. 사실은 성현이가 숙제하고 있을 때 키르케고르가 와서 엄마한테 시험을 0점 맞았다고 말하라고 했다. 그래서 성현이는 망설이다가 엄마한테 진실대로 말했다. 성현이의 생각과는 달리 엄마는 용서해 주었던 것이다. 그때부터 키르케고르가 말한 '진실의 힘'을 알게 되었다.

여유로움과 나태함에 대하여, 조성현 초4

다음날, 성현이는 친구들과 야구를 하려고 야구장에 갔다. 그래서 팀을 나누고 시합을 했는데 7회 초쯤에 성현이는 울었다. 왜냐하면 우리 팀이 '21:1'로 지고 있기 때문이었다. 하지만 철학자 키르케고르가 와서 성현이한테 놀이할 때는 즐거운 마음을 가지고 해야 한다고 해서 즐거운 마음을 가지고 했더니 '33:49'로 우리 팀이 이겼다. 즐거운 마음이 여유로움을 주고, 여유로움이 야구에서 이길 수 있도록 해 주었다.

그래서 성현이는 여유로움과 나태함의 철학자, 키르케고르를 좋아하게 되었다.

여유로움과 나태함에 대하여, 조성현 초4

인식의 시간

좀 더 일반적인 인간

사람은 태어나서 죽는 순간까지 사회에서 살아간다. 그러나 같은 사회에 산다고 모두 같은 사람일 수는 없다. 그들은 자신만의 삶이 있고 자신만의 목적이 있고 자신만의 의지가 있는 것이다. 아이가 태어나고 자라서 학생이 된다. 공부를 하고 좋은 학교를 졸업하고 적당히 좋은 회사에 취직을 한다. 경력을 쌓고 진급을 거듭하다가 결국 퇴직한다. 이는 우리가 사는 세상에서 평범하고 훌륭한 삶이고 충분히 노력한 삶이다.

그런데 도스토옙스키는 '지하생활자의 수기'에서 이렇게 이성적이고 합리적인 세상에서 열심히 노력을 하며 살아가는 사람들에게 "당신들은 무언가 열심히 하지만 결국 좀 더 일반적인 인간이 되려고 열렬히 시도하고 있는 것이다"라는 말을 던진다. 그리고 그는 자신이 하고 싶은 것을 하는 것, 즉 자유의지의 필요성을 주장한다.

그렇다면 자유의지란 무엇이며 왜 도스토옙스키는 이 자유의지를 강조했을까? 사실 위의 예처럼 살기 위해 다들 노력하는 것이 아니냐는 말도 나올 법하다. 하지만 그들은 사회의 한 부품처럼 자기 자신이 없다. 자신의 자유의지와 무관하게 사는 것이다. 도스토옙스키는 '지하생활자의 수기'에서 "인간들은 이성이나 이득보다 제멋대로 하고 싶은 걸 하고자 하는 의지가 강

자유의지에 대하여, 최영민 중2

하며 이 자기 자신의 의지는 굉장히 유익하고 필요하다"라고 강조한다. 그러면서도 굉장히 처치 곤란 할 때도 있지만, 왜 현인이란 자들이 도덕적인 훌륭한 의욕만을 강조하냐며 불만을 품는다.

사실 자유의지라는 것에는 자유와 의지 중 자유보다는 의지의 초점을 맞춰야 현재의 합리적이고 이성적인 세계에서 소외되지 않고 적절히 자유의지를 발휘하며 만족할 만한 삶을 살아갈 수 있다고 생각한다. 의지라는 것은 목적과도 일맥상통한다. 위 평범한 삶의 예도 사실은 자유의 문제라기보다는 의지 즉 삶의 목적이 뚜렷하지 않았기 때문이다. 자유의지가 단순히 자유로 끝난다면 그건 단지 하나의 몽상에 불과한 것이다.

이성과 자유는 반대인 것 같지만 꼭 그렇지도 않다. 자유로움과 이성을 동시에 추구할 수도 있는 법이다. 이성적 삶 속에서 자유롭게 꿈을 가지고 구체적인 의지와 목표를 지니게 될 때 비로소 자유의지와 이성적, 합리적 세계가 공존하는 좀 더 의미 있는 삶이 될 수 있을 것이다.

자유의지에 대하여, 최영민 중2

성찰의 시간

나의 본성에 대하여

　　세상에는 여러 가지 본성이 존재한다. 나는 그중 나에 대한 본성을 서술하겠다. 자신의 본성은 속이 아닌 밖에 나와 존재한다. 예를 들어 귤이 있으면 진정한 귤을 찾기 위하여 껍질이 아닌 알맹이까지 벗기면 결국 귤은 조각나고 아무것도 안 남을 것이다.

　　그러므로 '나'(사람)의 본성은 바깥 껍질에 드러나 있다. 하지만 또 다른 반박이 있을 수 있다. 귤껍질, 즉 사람의 겉모습은 주변 환경에 의해 조작이 가능하다. 예를 들면 다른 사람들과 엄숙한 자리에서 만나면 엄숙하고 놀이터에서 만나면 장난기가 도는 경우가 많다. 또한, 학생의 '나', 친구의 '나' 등, '나'는 여러 가지 형태로 존재하여 그 껍질만 보고 나를 판단하면 안 되고 그것의 공통된 그 속 알맹이 그리고 다른 이와의 관계를 고려하지 않은 그냥 '나'로서 행동하는 것이야말로 진정한 '나'의 본질이다.

　　하지만 또 다른 생각이 들 수 있다. 그 여러 가지 친구로서의 '나'. 학생으로서의 '나' 등이 모두 나를 만들기 위한 과정이며 진정한 나는 계속 변하므로 '나'는 알맹이가 아닌 그 귤 전체라는 표현이 가능하다. 이 귤은 씨가 묻히고 자라면 또 다른 귤을 만든다. 그리고 죽는다. 사람도 같다. 이 귤 전체는 그냥 사람 '나' 그 자체이다.

편견과 본성에 대하여, 최원서 초5

하지만 나는 결론적으로 귤과 사람은 조금은 다르다고 생각한다. 왜냐하면 사람은 사는 동안 자신의 지식을 나누고 함께 살며 의견을 내서 귤과 다르게 자신만의 특징, 특성을 다른 사람과 조합해 다 진보함을 느끼는 것이 있기 때문이다.

결국 우리는 본성을 찾으려 진리를 찾으려고 한다. 그 과정에서 합쳐지고 없어지고 새로운 것이 생기고 나타난다. 그렇게 탄생한 것이 바로 '나'도 있고 또 '모두'가 있는 내 생각, 내 본성인 것이다. 우리 모두의 본성이 함께 있는 것이야말로 진정한 '나' 아닐까? 그리고 우리의 생각이 우리의 행동을 만들어 "생각이 들어간" 본성을 만든다. 이렇게 우리의 생각이야말로 본성이 아닐까?

편견과 본성에 대하여, 최원서 초5

배움의 시간

진실의 좋은 점

우리가 잘못 알고 있는 것이 무엇인가? 나는 거의 모든 것이 잘못되어 있다고 생각한다. 왜냐하면, 미래 세대의 지식과 입장에서 봤을 때 그렇다. 진실은 완벽해야 한다. 하지만 우리는 그것을 확실히 알 수 없다. 만약 우리가 알고 있는 것이 진실이어도 그것이 앞으로도 바뀌지 않을 이유와 증거를 제시하지 않는 한, 그것을 진실이라고 할 수 없다. 물론 신이라면 가능할 것이다. 우리가 아는 것은 반쪽짜리 진실이다. 이런 질문을 할 수도 있다. "우리의 진실은 지금만 사실이고 단지 시간의 흐름에 따라 변해가는 것 아닌가?" 이렇게 물으면 우리는 대답할 수 없을 것이다. 이렇게 확실한 진실은 알 수 없다. 그러므로 나는 모든 것이 잘못되어 있다고 생각한다.

어떻게 우리는 진실에 다가갈 수 있는가? 우리는 진실에 대한 힌트도 없는데 진실에 다가가려고 하는 것은 옳은 일인가? 다가가려다 오히려 반대로 가는 것은 아닐까? 하지만 앞에서 말했듯이 미래 세대에서 봤을 때도 진실이려면 지금 독서를 하는 등 지식을 위한 노력을 해야 올바른 진실로 다가갈 수 있다. 예를 들어 윷놀이에서 '뒷도'가 나와서 오히려 질 수 있는데, 왜 그것을 원할까? 그 이유는 어쩌면 뒷도가 나와 좋은 위치로 더 가까이 갈 수도 있기 때문이다. 이렇게 지금은 좋지 않아 보여도 미래의 관점에서 보면 훨씬 좋아질 수가 있는 것이다.

진실과 오해에 대하여, 최원서 초5

그리고 그 과정에서 우리는 즐거움과 많은 사람의 행복을 같이 얻을 수도 있을 것이다. 그래서 우리는 죽을 때까지 진실을 찾기 위해 노력해야 후대가 더 행복해진다. 이렇게 하면 어쩌면 진실에 도달할 수도 있을 것이다.

  우리는 왜 진실을 알아야 할까? 우리는 진실을 알면 전구와 같은 것을 더 많이 발명해 편리해질 수 있다. 그리고 진실에 가까워졌다는 기쁨으로 더 행복해질 수도 있다. 또한 잘못된 생각을 고쳐 다른 것을 더 발전시킬 수 있을 것이다. 그리고 억울한 누명을 벗기는 것과 같이, 진실에 의해 우리는 더 평등해질 수도 있을 것이다.

  마지막으로, 우리가 진실을 알려고 계속 노력하면 '0.9, 0.99'와 같이 점점 늘어나 '0.9999…=1'이 되어 결국 진실을 알 수도 있고, 진실 가까이 가서 행복해지고 또 다른 많은 이익을 얻을 수도 있을 것이다.

진실과 오해에 대하여, 최원서 초5

성찰의 시간

데미안의 냉철함

우리는 살아가며 많은 문제를 맞이하게 된다, 이때 이 문제를 어떻게 해결할 것인지 우리는 고민에 빠진다. 우리에게 닥쳐오는 문제는 작게는 생활 속에서 마주하는 소소한 문제, 예를 들어 학교, 학원, 숙제, 친구 관계 등이 있다. 크게는 수능, 대학 결정 등 인생을 좌우하는 문제도 있을 것이다.

'데미안'에서 주인공 싱클레어는 한 아이에게 협박을 당하게 되어 돈을 가져다주게 되는 등 문제에 빠지게 된다. 이러한 문제를 해결하지 못하여 싱클레어는 병을 앓게 되는데 그 후 싱클레어는 자신의 구원자인 데미안을 만나게 된다. 데미안은 싱클레어의 문제를 세밀히 분석하여 그 문제를 유발한 아이에게 찾아가 꼼짝 못 할 논리와 방법으로 해결을 보게 된다. 데미안은 지극히 이성적이고 냉철하게 문제를 해결한다. 우리는 실제 생활 속에서 데미안과 같이 냉철하고 이성적으로 문제를 해결할 수 있을까? 데미안은 싱클레어의 문제를 해결해주고 이렇게 이야기한다.

"아냐, 난 폭력 같은 그런 짓은 좋아하지 않아. 다만, 전에 너와 이야기했듯이 크로머와도 이야기하고, 너를 못살게 굴지 않는 게 자신한테도 유익할 것이라고 알아듣도록 말해줬을 뿐이야."

문제와 해결에 대하여, 최지연 중2

성찰의 시간

　　이렇게 데미안은 자신이 폭력을 쓰지 않았으며 말로써 모든 일을 해결했다는 사실을 간접적으로 이야기해 준다.

　　우리가 살면서 마주하는 여러 문제에 대하여 우리는 데미안과 같이 냉철하고 이성적으로 해결하기 위해서 노력해야 한다. 데미안의 행동으로부터 문제를 해결하기 위해서는 그것을 두려워하지 말고 해결책을 찾아야 한다는 것을 알 수 있다. 즉, 살아가며 만나는 모든 문제에 대하여 작고 큰 결과들을 두려워하지 말고 해결을 시도하려 노력하여야 할 것이다.

문제와 해결에 대하여, 최지연 중2

배움의 시간

우리의 숭고한 나눔

　　　　나눔의 종류에는 자신이 필요 없는 것을 베푸는 사람의 나눔, 기쁨이나 고통으로 베푸는 사람의 나눔, 가진 것은 없으나 전부를 베푸는 사람의 나눔, 그리고 가장 숭고한 베풂인, 고통도 모르며 기쁨을 찾지도 않으며 덕을 행한다는 생각도 없이 베푸는 사람의 나눔이 있다. 우리는 보통, 나눔을 베풀며 나에게 나눔을 받는 그 사람이 다시 우리에게 그 나눔을 되돌려 주기를 바라며 또 기대한다. 하지만 진정한 나눔의 자세는 나눔을 받은 사람에게 어떠한 기대도 하지 않는 것이다. 또한, 나눔을 받는 사람의 자세는 베풀어준 사람에게 되갚으려 하지 않고 자신이 넉넉해지게 되면 자신이 받은 것처럼 자신보다 어려운 사람에게 베푸는 것이다.

　　　　하지만, 지금 우리가 살고 있는 사회에서는 그것들이 거의 불가능하다. 회사들은 자신의 이익을 좇고 우리는 자신들만 잘살아가기에 급급해 주위를 돌아보지 않는다. 자신이 넉넉함에도 불구하고 나누어주지 않는 사람, 가진 것이 없다고 생각해 베풀지 않는 사람, 그것이 고통이기 때문에 베풀지 않는 사람들이 대부분인 이 세상에서 우리는 모든 사람이 숭고한 베풂을 하는 것을 바랄 수도, 기대할 수도 없다.

　　　　어떤 사람들은 "국가에서 걷어 공평하게 나누자"라고

숭고한 나눔에 대하여, 최지연 중2

말한다. 물론 그렇게 할 수도 있고 지금도 몇몇 나라에서는 시행되고 있다. 하지만 우리나라에서는 정작 가장 큰돈을 내놓아야 할 기업과 그 기업 총수들이 자신의 부를 지키기 위해 모든 수단을 동원하기 때문에 기업가 정신의 근본부터 바뀌지 않는 이상에는 불가능할 것이다.

     우리가 사는 지금 이 세상에는 숭고한 베풂을 하는 사람도 있지만, 자신의 것을 쥐고 놓지 않는 사람, 나누지 않는 사람이 압도적으로 많기 때문에, 모두가 숭고한 나눔을 하는 것은 거의 불가능하다고 생각한다. 하지만 그런 세상을 기다려 본다.

숭고한 나눔에 대하여, 최지연 중2

인식의 시간

내가 공부하는 이유

　　내가 지금 배우고 있는 것은 니콜로 마키아벨리의 '군주론'이고 또 다른 것들은 '수학'과 '영어' 등이다. 이것들에 대해 배움의 단계별로 분석해 보겠다.

　　첫 번째 '군주론'에서 '잔인한 왕과 매우 자비로운 왕' 이야기의 예를 들어 보겠다. 군주론은 제1단계, 지식의 단계에서 보면 자비로써 백성들이 가난하거나 죽는 것보다 잔인하게 통치하여 기강을 바로잡는 것이 좋다고 주장한다. 하지만, 제2단계 지혜의 단계에서 보면 자비롭게 통치하지 않고 잔인하게 통치하여 백성들이 두려움에 하루하루를 보내게 하는 것은 매우 나쁘다고 생각하며, 이로써 억압적으로 통치하면 안 된다고 생각한다. 마지막으로 제3단계 행동의 단계에서는 지혜의 단계에서 이해한 것을 바탕으로 우리 삶을 실제로 더 좋게 살아가도록 실천해야 한다.

　　두 번째 '수학 공부'는 지식의 단계에서 보면 지금 하는 학교에서 하는 진도만 잘해도 대학을 갈 수 있고 지금 굳이 선행학습을 하며 힘들게 공부할 필요 없다고 생각할 수 있지만, 지혜의 단계에서 생각해 보면, 먼저 공부한 부분을 나중에 학교에서 공부하면 그때 다른 친구들은 처음부터 공부해야 하지만, 나는 이미 공부했기 때문에 복습만 잠깐 하면 된다고 생각할 수 있을

배움의 이유에 대하여, 한상진 초6

것이다. 마지막으로 행동의 단계에서는 더 미래 회사에 들어가기 위해 면접시험을 볼 때 면접관이 생활기록부를 보면 성적이 좋아서 합격할 가능성이 더 커질 것이다.

세 번째, 영어 공부는 지식의 단계에서 보면 귀찮아서 안 배워도 될 것 같지만, 지혜의 단계에서 보면 우리나라에서는 초, 중, 고등학교 모두 영어 과목이 있고 수능에서도 영어 시험이 중요하며 회사에서 외국 사람과 일할 수도 있기 때문에 어렵더라도 열심히 해야 한다는 결론이 날 것이다. 행동의 단계에서는 영어 공부를 열심히 해서 원하는 것을 잘 할 수 있는 실력을 키우는 것이다.

위에서 설명한 세 가지 것이 내가 지금 배우고 있는 것에 대한 구체적, 단계별 배움의 이유이다.

배움의 이유에 대하여, 한상진 초6

성찰의 시간

편견의 극복

사람은 누구나 자기 자신에 대한 편견과 본성을 가지고 있다. 그러므로 '나'에 대한 편견이 무엇인지에 대하여 생각해 보려 한다. 나에 대한 편견은 누군가를 위해 나 자신의 본성을 숨기려 하고 다른 사람을 따라 하는 모방으로부터 발생한다. 또한, 본성을 찾기 위해 중요한 것은 나 자신은 여러 가지 존재들 안에 녹아 있지만, 그 가운데 내가 있음을 잊지 않는 것이다.

그런데 이러한 편견으로부터 나를 극복하려면 어떤 방법이 필요할까? 하르트만의 '그들', 즉 우리를 억압하는 불특정한 무언가로부터 벗어나 독립하여 제대로 된 '나' 자신을 찾아야 하고, 그런 것에 대해 깊이 생각해야 한다.

편견은 우리 주변에서 많이 찾아볼 수 있다. 이것에 대해 두 개의 예시를 들 수 있다. 그것은 내 경험에서 그리고 '왕자와 거지'에 나오는 왕자 이야기에서이다. 내 경험은 내가 유치원 때, 지구가 진짜로 아주 정확하게 동그란 원형인 줄로만 알았다. 그런데 나중 찾아보니 원형이 아닌 타원형이었던 것이다.

또한 왕자와 거지 이야기에서는 왕자가 거지의 옷을 갈아입고 밖으로 나가자 사람들은 모두 왕자를 거지로 보는데, 왕자는 자신이 진짜 왕자라는 점을 끝까지 잊지 않고 본성을 지켰다. 그러나 이 또한 다른 편견일 수 있다. 그러므로 우리는 항상

편견과 본성에 대하여, 한상진 초5

편견이라는 그른 것으로부터 본성이라는 옳은 것으로 생각을 계속 발전시켜야 한다.

편견과 본성에 대하여, 한상진 초5

'나비'와 '행복한 왕자'에서 보여주는 진리의 길

　　우리 주변에는 진리를 쫓으면서 살다가 성공의 길도 함께 걷고 있는 사람과 처음부터 성공의 길을 걸으려고 하다가 좋지 않은 결과를 초래한 사람이 있다. 우리는 두 유형의 사람 중 진리를 우선적으로 추구하는 첫 번째 유형의 사람이 되어야 한다.

　　헤르만 헤세의 〈나비〉를 예로 들어보자. 〈나비〉에서 주인공은 나비 잡기라는 취미에 깊이 빠져 있었다. 그는 나비를 잡지 시작하면 하루가 다 가는지도 몰랐다. 주인공의 옆집에는 에밀이라는 아이가 살았는데 하루는 주인공이 에밀에게 자신이 잡은 진귀한 나비를 표본으로 만들어서 보여 주었다. 에밀은 주인공의 표본을 주의 깊게 관찰하더니 이것저것 그럴듯한 말로 나비 표본을 잘 만들지 못했다고 했다. 그 이후 주인공은 에밀에게 자신이 잡은 진기한 나비를 보여 주지 않았다. 몇 년이 흐른 뒤에도 그는 나비 잡기에 빠져 있었다. 그러던 중에 에밀이 잡기 쉽지 않은 점박이 나비를 번데기에서 부화시켰다는 소식을 들었고 주인공은 에밀의 집에 가서 점박이를 훔쳤다. 죄책감에 에밀의 책상 위에 나비를 다시 돌려놓았지만 이미 나비는 가루가 된 상태였다. 에밀은 주인공의 사과를 받아 주지 않았고 그를 경멸하는 눈빛으로 쳐다봤다. 집으로 돌아온 주인공은 자신이 잡았던 나비들을 모두 망가뜨리고 다시는 나비 잡기를 하지 않았다. 주인공은 진리의 길에서 벗어남으로써 자신의 소중한 취미를 즐기지 못하게 되었다.

한편, 〈행복한 왕자〉 이야기는 진리를 쫓은 결과를 보여준다. 〈행복한 왕자〉에서 제비는 '행복한 왕자' 동상을 만나고 그의 부탁을 들어준다. 제비는 벌써 이집트로 가야 했지만, 왕자의 부탁으로 진리를 찾았으므로 왕자의 부탁을 계속 들어주었다. 왕자는 자신의 몸에 붙어 있는 보석과 금박을 벗겨내 가난한 사람들에게 전해 달라고 하였고, 제비는 그 부탁들을 모두 들어주었다. 제비는 이집트로 떠나지 못하고 차가운 겨울을 이겨내지 못해, 왕자의 발밑에서 죽어갔다. 후에, 하느님이 세상에서 가장 아름다운 것을 가져오라고 천사에게 시켰고 천사는 죽은 제비와 '행복한 왕자' 동상에서 나온 납으로 된 심장을 가져갔다. 그 결과, 제비는 진리를 쫓음으로써 천국의 정원에서 노래하는 성공의 길을 걸었다. 만약 제비가 이집트로 떠났더라면 이런 명예는 없었을 것이다.

위 두 이야기를 바탕으로 우리는 '진리의 길'을 걸어야만 진정한 성공의 길을 걸을 수 있다는 것을 알 수 있다. 그렇다면 진리의 길을 걷기 위해선 어떻게 해야 할까? 그것은 작은 진리부터 실천하는 것이다. 예를 들면 남을 배려하는 것 또는 거짓

말을 하지 않고 진실해지는 것 등이다. 이런 작은 진리들이 충족되면 성공의 길은 '뜻하지 않아도' 걸을 수 있을 것이다. 처음부터 진리의 길을 고려하지 않고 성공의 길만 걸으려고 한다면 성공 그 근처에도 가지 못할 것이다. 이처럼 우리는 처음부터 '진리의 길'을 걸으려고 노력해야 한다.

성공의 길, 진리의 길, 허다연 초6

인식의 시간

성공의 열쇠

성공이란 무엇일까? 성공은 자신이 하고 싶은 길로 가는 것이다. 한 친구의 예를 들면 그 친구는 의사가 되고 싶어 한다. 그러면 커서 의사가 되어 돈을 많이 번다면 성공한 것이다. 매우 편안한 삶을 살 수도 있다. 그래서 나는 성공의 길도 좋다고 생각한다. 하지만 성공은 큰 단점을 가지고 있다. 그것은 진리를 쉽게 얻을 수 없다는 것이다. 성공해도 진리를 얻지 못하면 모든 것이 허무하게 느껴진다.

헤르만 헤세의 〈나비〉에서도 주인공은 딱 한 번 진리의 길에서 벗어났었는데 그것으로 인해 그렇게 좋아하던 취미와 행복에서 멀어졌다. 이처럼 진리의 길이 더 중요하다고 생각한다. 진리의 길은 사람이 살아가면서 해야 할 선행과 도덕적 선택을 하도록 도와준다. 성공의 길에서 진리를 얻는 것은 어렵지만, 진리의 길에서 성공하는 방법을 배우고 익히는 것은 어렵지 않다.

진리를 얻어야 하는 가장 중요한 이유는 쉽게 얻을 수 없는 진정한 배움이기 때문이다. 진리를 얻기는 매우 어렵다. 자신이 스스로 반성도 하고 해왔던 일을 돌아보며 자신에게 맞는 진리의 길을 찾아야 한다. 성공하면 행복할 수 있지만 잠시뿐이다. 성공하지 않아도 진리를 얻어 자신에게 맞는 행복한 삶을 살 수 있다.

성공의 길, 진리의 길, 황지우 초6

많은 성공한 사람 중 대부분이 "성공은 진리의 일부일 뿐이다. 자신이 원하는 것을 하는 것이 성공하는 길이다. 원하는 것을 하려면 진리를 얻어야 한다."라고 말한다. 살면서 실수할 수도 있고, 성공하지 못할 수도 있다. 하지만 성공하지 못했어도 그것이 좋은 경험이 될 수 있고 또 다른 진리를 배웠다고 생각하면 그것은 불행과 관련 없다. 나도 일생의 아주 적은 부분만 살았지만 벌써 수도 없이 많은 실패를 했다. 하지만 그것으로 행복하지 않았던 적은 없다.

성공과 진리는 같으면서도 다르다. 둘 다 사람에게 행복을 가져다준다. 성공은 딱 한 번에 많은 행복을 주고, 진리는 작지만 지속적인 행복을 가져다준다. 하지만 성공을 위해 진리를 저버리면 즐거움과 행복 그리고 성공마저 허무하게 무너진다.

〈행복한 왕자〉도 세상을 바라보면서, 가난한 사람들에게 관심을 두지 않은 자신을 반성하고 진리를 깨닫게 되어 그에 알맞은 행동을 실천한다. 그러자, 자신은 멋없고 초라해도 진정한 행복을 얻게 된다. 따라서 진리를 먼저 중요하게 여기고, 그에 맞춰 살아가는 삶이 진정으로 성공할 수 있는 열쇠라고 생각한다.

성공의 길, 진리의 길, 황지우 초6

성찰의 시간

평등의 이유와 조건

지금 세상은 평등하지 않다. 사람들 중에는 부자이고 좋은 직업을 가진 사람도 있고 가난하고 돈을 많이 못 버는 사람도 있다. 물론 자신의 능력에 따라 직업은 달라질 수도 있다. 하지만 누군가 힘으로 좋은 직업을 차지하면 다른 능력이 있는 사람들은 그곳에 들어가지 못하고 좋지 못한 직업을 갖게 될 것이다. 평등하지 않다면, 첨단 기술이 생기고 세상이 발전해도 옛날 조선 시대의 신분 사회와 다를 것이 없다. 귀족이나 왕만 사라졌지 권력을 남용하는 것은 같다. 회사 사장들이 일을 잘하고 좋은 사람이면 모두에게 평등하게 대해 주지만 권력을 마음대로 사용하는 사장이면 이기적이고 공평하지 않게 대할 것이다. 따라서 우리는 모든 사람이 평등하도록 하기 위해 노력해야 한다.

먼저, 평등해져야 하는 이유는 우리 세상은 모든 사람이 공평하다고 생각하고 또 자유롭다고 생각하는 세상이어야 하기 때문이다. 즉 아름답고 평화로운 완전한 세상이어야 하기 때문이다. 또 세상 전체가 평등하면 사람들이 나와 다른 사람 모두 같은 사람이라고 생각하게 되어 다른 사람을 더욱 존중하게 되는 좋은 현상이 일어날 수도 있다.

평등을 이루는 방법은 모든 사람이 조화롭게 사는 것이다. 음악에서도 조화롭지 않고 한 명이 최선을 다하지 않아 틀리

평등한 세상을 위하여, 황지우 초5

면 음악은 그 아름다움이 깨진다. 공동체 생활에서도 마찬가지이다. 어떤 것이 하나라도 잘못되면 모두 멈춰버리므로 남에게 불필요한 피해를 주어서는 안 되는 것이 평등을 이루는 조건이다. 평등해져야 하는 이유와 평등을 이루는 방법을 보면 평등을 이루는 조건을 알 수 있다. 그것은 바로 자신의 역할에 최선을 다하는 것이다. 그렇게 하면 다른 사람에게도 피해를 주지 않고 아름답고 평화로운 세상, 즉 평등한 세상을 만들 수 있다. 또 모든 사람이 공평해야 한다. 공평하지 않으면 평등할 수 없기 때문이다.

이와 같은 평등한 세상은 좋은 점이 많다. 모든 사람에게 똑같은 조건, 환경과 물건 등이 주어져 거의 모두가 불만이 없기 때문이다. 그리고 많은 사람이 평등한 세상에서 행복을 느끼고 공평함을 느끼기 때문에 거의 완전한 세상이라고 할 수 있다. 많은 사람이 공평하게 물건을 나누어 가지기 때문에 우리 세상이 좋고 아름답다고 생각할 것이다. 따라서 나는 평등한 세상을 만들기 위해 평등을 이루기 위한 방법을 지키도록 노력할 것이다.

평등한 세상을 위하여, 황지우 초5

여유로움과 즐거움

여유로움은 할 일이 많아도 쉽게 편하게 처리하려는 마음이다. 여유로움을 가지면 무엇이든 쉽게 할 수 있다. 하지만 나태함은 내게 편한 대로 그냥 쉬기만 하는 것이다. 자기 삶의 목표를 나태함으로 생각하고 그것을 자기 보존 본능이라고 생각한다면, 할 수 있는 것이 거의 없다. 여유로움이 가지고 있는 특징은 내가 원하는 것을 할 수 있는 시간이 생기게 해 주고 내가 해야 할 일도 쉽게 끝낼 수 있는 점이다. 나태함은 내게 할 일도 더 생기게 하고 지금은 편하지만, 미래에는 내가 원하는 삶을 살 수 없게 할 것이다.

우리는 여유로움, 한가로움 그리고 나태함을 구분할 줄 알아야 한다. 사람들이 나태해지는 이유는 나태함을 자기 보존 본능으로 생각하고 변명을 하기 때문이다. 또 행복을 안락으로 믿고 착각한 것을 지금까지 고치려고 하지 않기 때문이다. 나태함과 그것에 대한 무지함은 삶의 목표를 바꾸어 놓기까지 하고 마약과도 같이 작용하여 이에서 벗어나려 해도 우리를 다시 나태함으로 끌고 온다.

키르케고르는 여유로움과 나태함의 주의할 점이 우리 생활 어느 곳에 있는지 알려 준다. 첫 번째는 너무 바쁘게 생활하지 않아야 한다. 너무 바쁘게 생활하면 내가 어떤 것을 해야 하고

여유로움과 나태함에 대하여, 황지우 초5

무엇을 해야 하는지를 잊어버릴 수 있다. 그렇지만 너무 여유를 부리면 안 된다. 위험한 일이 나에게 생겼는데 그 위험을 극복할 수 없기 때문이다. 여유로우려면 성급해서는 안 되고 상황에 맞는 판단을 빨리해야 한다. 따라서 나태해서는 안 된다. 여유로움은 우리 생활을 즐겁게 만들고 사랑을 만들어 주기도 할 것이다.

　　　사람들에게 나태함은 필요 없고 나태함을 목표로 삼으면 안 된다고 한다. 물론 그렇지만, 나는 나태함도 삶에 조금은 필요하다고 생각한다. 사람은 자기가 원할 때 쉴 권리가 있고 나태함에 잠깐 빠진다고 크게 달라지지는 않을 것이기 때문이다. 또 항상 여유로워도 일을 빨리 끝내야 할 때도 있기 때문에 서두름 역시 때때로 필요하다고 생각한다.

여유로움과 나태함에 대하여, 황지우 초5

철학을 공부하는 아이들의 생각

1장 평등한 세상을 위하여
2장 숭고한 나눔에 대하여
3장 명예로움에 대하여
4장 겸손과 지혜에 대하여
5장 이해와 사랑에 대하여

평등한 세상을 위하여

지혜의정원

아이들이 우리 세상을 바꾸기 바라며

철학을 공부하는 아이들의 생각

1판 1쇄 ‖ 2019년 10월 25일
지은이 ‖ 김주호 편저
펴낸이 ‖ 이현준
펴낸곳 ‖ 자유정신사
등록 ‖ 제251-2012-40호
주소 ‖ 경기도 성남시 판교역로 145
전화 ‖ 031-704-1006
팩스 ‖ 031-935-0520
이메일 ‖ bookfs@naver.com

ISBN 979-11-91538-67-0 (03100)

이 도서의 국립중앙도서관 출판예정도서목록(CIP)은 서지정보유통지원시스템 홈페이지(http://seoji.nl.go.kr)와 국가자료종합목록 구축시스템(http://kolis-net.nl.go.kr)에서 이용하실 수 있습니다. (CIP제어번호: CIP2019040702)

출판사의 허락 없이 무단 복제와 무단 전재를 금합니다.
잘못된 책은 구입처에서 교환해 드립니다.
이 책에서 사용된 문양은 한국문화정보센터가 창작한 저작들을 공공누리 제 1유형에 따라 이용합니다.

이 책의 모든 저작권은 자유정신사가 가지고 있습니다.